はじめに

「プロジェクトマネジャー（以下PMと略します）は孤独である」などといわれています。お客様・上司・部下・ビジネスパートナーの狭間に入って、プロジェクトを成功させるためにさまざまなケースで自らの判断のもとに、適切な次の一手を打っていく必要があります。しかし、昨今ではPMが成長するための場が少なく、若手PMへ適切にベテランPMの知識・ノウハウを引き継げていないのではないでしょうか。

そこで富士通グループでは、プロフェッショナル認定（FCP:Fujitsu Certified Professional）を受けたPMが、プロフェッショナルコミュニティを形成し、自らの知識・ノウハウを組織・業界・社会に還元する活動として、各種のWG（Working Group）を開催しています。本書は、その中の富士通株式会社 PMコミュニティ「実践的PM力向上のための問題集検討」WGが作成した問題と解答を中心に編纂したものです。

PMは、問題に正面から取り組み、自ら真剣に解決策を考えることが大切です。本書の事例問題に“擬似体験”として取り組んでいただくことで、読者の方々の問題解決の糧となることを期待しています。

本書を読むに当たってお願いです。問題を読んで、まず自分なりに解答を考えて、その後でWGの推奨解答を読んでください。また、この問題集に掲載されたような事例では、解答にどの事例でも当てはまる正解は無く、解説でNGと書かれている選択肢であっても、少し条件が異なると正解となる場合もありますので、あくまでも参考解答例ととらえてください。

本書を作成するに当たり、各問題は社外有志のご協力を得て、富士通用語を排除し一般的に分かる言葉として編纂しております。

富士通株式会社 PMコミュニティ
「実践的PM力向上のための問題集検討」WG

ご参考

WGでは、問題をメルマガとして富士通グループに配信し、解答を分析しています。本書では分析した結果を難易度であらわしています。

★　：わりと簡単
★★　：ちょっと難しい
★★★：かなり難しい

目 次

第1章

受託したものは何ですか
(スコープの問題)

スコープの問題

受託したものは何ですか

一般的に成果物が目に見える形で残ると言われている建築業界と違い、システム構築では明確に最終成果物を定義することが難しく、現場ではお客様とSEの間で作業範囲の認識齟齬が問題となるケースが多々あります。

どこまでが受注した作業範囲なんでしょう……。

発注したお客様は費用内で、できるだけたくさんの要件を満たすシステム化を進めてもらいたいし、受注した企業からしてみたら利益を確保するために、作業範囲を絞りたいのが本音でしょう。

利害関係が真っ向から対立するだけに、一番問題が発生しやすい分野です。

難易度 ★★

問題その1 深夜の電話

あなたはあるお客様の開発を実施し、そのまま保守工程におけるPMを担当している。あなたの部署は、このお客様と一般的な平日日中帯対応の準委任契約を結んでおり、さらにお客様は夜間のトラブル対応のため、ある専門部隊と24時間保守契約を結び、一次切り分けを担当する契約を結んでいる。
ある日の夜間にトラブルが発生し、一次切り分けの結果、ソフトウェアの疑いが濃厚であり、構築を担当したSEでないと解析できない事態となった。専門部隊は夜間休日の緊急連絡窓口となっているあなたに電話をしたが、あなたは電話に気づかず朝まで連絡が取れなかった。そのためトラブルが長期化し、多大な影響が出る事態となった。
トラブル原因は瑕疵期間が切れているアプリケーションプログラムの障害であったが、お客様から「なぜ夜間電話に出ないのだ!! 改善策を至急、提出して欲しい」とクレームがあった。PMとしてどのような方針でお客様に報告したら良いのでしょうか、次の中から最も適切な解答案を1つ選択しなさい。

Select

- Ⓐ 再発防止策(連絡窓口の複数化など)を提出
- Ⓑ 文書は出さないで口頭で謝罪し再発防止を約束
- Ⓒ 瑕疵期間が切れていて対応できないことを説明
- Ⓓ 夜間に連絡を取るには契約が必要なことを説明

お客様からの真夜中の電話に出ないと問題なんですか？

解答 その1

D

出られなくて当然です

この問題の本質は、契約内容をきちんとお客様に理解いただいていないことにあります。
WGメンバーでも同様な経験をしたことのあるメンバーがいて、再発防止策として「携帯電話を枕元において寝る」といった再発防止文書を出した方がいました。このようなことのないよう、保守フェーズに移る前に、きちんとお客様と保守レベルを文書で合意するようにマネジメントしましょう。
平日日中帯の準委任契約であれば、SEが夜間に電話に出られないことは容易に発生します。また専門部隊が、そのプロジェクト固有のアプリケーション対応はできないことは我々から見れば常識でも、お客様にとっては理解しにくいことでもありますので、現在の契約で実現できる保守対応内容を明確にして、お客様にきちんと説明しておく必要があるとWGでは考えました。
保守には、アプリケーションプログラム、ハードウェア、ミドルウェア、フリーソフト、他社製品などさまざまな分野があります。それぞれ休日、夜間の窓口を明確にしておき、対応できない時間があることも明確にしておくべきです。

難易度 ★★★

問題その2 保守運用の勘所

あなたは、あるシステム更改プロジェクトのPMである。現行システムは、あなたの会社が構築し運用についても請け負っている。お客様とは良い関係を築けており、あなたの会社が起こしたパッチ適用ミスによる業務停止トラブルが発生した際にも、特に大きな問題とはならなかった。
お客様担当者が細かい議論を嫌う人柄であることもあり、新システムの要求条件も稼動率99.9%と定義されているのみで特に問題となるような条文はついていない。
開発は特に大きな問題もなく終了し、保守・運用を請け負うこととなった。
PMとしてどのような考え方で保守・運用を請け負うべきか、次の中から最も適切な解答案を1つ選択しなさい。

Select

A 日常のリレーションを重視し、問題発生時に協議

B 保守運用の管理指標の定義を明確化

C お客様との役割分担の交渉

D 保守運用の管理指標の明確化と達成できないときのペナルティーを提示

ペナルティーを自分から言い出すんですか？

解答 その2

Ⓓ

ペナルティーの定義を推奨します

SLA（サービスレベルアグリーメント）をどのようにとらえて定義するかを問う問題です。過去の関係が良い場合でも昨今の情勢からSLAをきちんと定義することが重要です。この問題の場合、まず稼動率99.9％を詳細に定義する必要があります。「業務の何が停止したら未運用とみなすのか？」、「計画停止を未運用時間に含めるのか？」といった当たり前の常識と考えられるようなこともきちんと定義します。さらに、この指標のほかにも、QA回答ターンアラウンド時間や障害復旧時間など、複数の指標を整理する必要があります。

また、現状の商談でここまでできているプロジェクトは少ないかと思いますが、総務省のガイドラインでは、達成できなかったときのペナルティーまで踏み込んで定義しておくこととともに、達成に向けてお客様が負うべき条件も合わせて合意することが推奨されています。ペナルティーの例としては、お客様と握った指標をすべて満足したときには、運用保守費用は満額。一部満足できなかったときは指標の重みで一定額を減額するような例が考えられます。

これをすることで、保守のマネジメントも前向きとなり、詳細指標を満足するためには何をすべきかといった考え方になることと、いざというときに無用な起訴案件とならないといったメリットが考えられます。Ⓐはお客様担当の変更で有効な関係が継続できるとは限りませんのでNG。ⒷはⒹと比較すると不足。Ⓒは有効ではありますが、Ⓓの取り組み方針と比較すると劣ります。SLAを考えていくことで自然に役割分担は整理できてきます。

難易度 ★

問題その3 契約外の作業依頼

あなたはあるプロジェクトの保守工程のPMである。作業の受託内容はあなたが開発したアプリケーションのメンテナンスと、その範囲の中での仕様変更対応であることを合意している。

ところが、トラブル時などに役割分担外の作業を依頼されることが頻発した。その作業は、お客様が選定し、お客様が購入したある製品と、あなたが開発導入したシステムとの接続部分に関わる調査解析依頼であり、事前に合意している通常時の作業範囲にも、緊急時の作業範囲にも入っていない作業である。

お客様に改善を申し入れると、一時的には改善を約束していただけるが、トラブル時は復旧優先となってしまい、現地SEに依頼が飛んで、なしくずし的に旧来の状況に戻ってしまっている。この作業については量的に大きなものではなく、10名の常駐要員の数パーセントの稼動であり、維持作業には支障を与えるものではない。お客様との次回契約更新に当たり、PMとして最優先で考えるべきことは何か、次の中から最も適切な解答案を1つ選択しなさい。

Select

- **A** お客様が作業できるようにお客様教育をスコープに含める
- **B** 維持契約の作業範囲/責任を交渉する
- **C** 対応費用の拡大を交渉する
- **D** 大きな問題がないので現状維持とする

契約外でも現場では断りにくいですよね

解答 その3

B 受託外の作業量を明確にし交渉の土台に

建築業界では坪単価という家を建てるときの1坪当たりの建築費の目安を持っており、発注者と受注者がお互いに合意して契約することが一般的です。しかし、システム構築ではこのような目安値が存在せず、システムごとに作業内容や難易度、その特性に大きく差があることから、発注者と受注者で認識の齟齬が発生することが多くあります。このような背景の中で、いつまでもこの問題のような曖昧な状態にしておくことは良くないとWGでは判断しました。

この状況での一番の問題は、本来の見積りに含まれない契約外作業も柔軟に対応することで、作業ミスなどのトラブルが発生した場合の責任が曖昧になることです。したがって、まずは請負う維持契約の作業範囲と責任を明確に定義することが最優先となります。その上で追加となる費用を明確にして増額交渉を実施すべきです。

交渉の仕方ですが、まず、維持で発生する全作業を洗い出して、お客様に担当していただく仕事と受託する仕事を明確に洗い出します。その上で月間作業報告などで、受託外の仕事の量を明確にして交渉しましょう。

Ⓐは契約スコープ外の作業を無償で実施することになりますのでNG。Ⓒは順番的にNG。Ⓓは本質的解決になっていませんのでNGです。

難易度 ★

問題その4 パッケージへの要望

あるお客様システム部門(責任窓口)では費用低減を目的に、新規にシステムを構築するよりもパッケージに合わせたシステムを開発する方針として新システム構築商談が始まった。
パッケージのデモを行い、パッケージ適用を前提に要件が確定し受注・契約した。しかし、プロジェクトが開始し、基本設計の途中で、お客様現場部門から、Fit & Gapでパッケージに合わせるのでなく、パッケージを現行システムに合わせ改修するようにとの要望が出始めた。要望はかなり強い状況であるが、要求を受け入れると費用が膨大となり、当初計画では実現できない。
PMとして、まずはどういう方針で対応すべきか、次の中から最も適切な解答案を1つ選択しなさい。

Select

A Fit & Gapで現場部門の要望を改めて聞き、費用とスケジュールの見積りを別途提示する

B プロジェクト計画書などを基に、お客様と方針を再度確認する

C お客様内で考え方が違うためシステム部門責任者から現場部門へ説明・説得してもらう

D 契約済でもあり、現行の方針は変えない

もめたら基本に立ち返る

解答 その4　B
プロジェクト計画に立ち返ります

利用部門に対して、パッケージ導入方針の理解浸透が不十分であったことから、システム化が途中で覆りそうになるケースです。システム開発プロジェクトにはステークホルダーが多く、お客様を含めたプロジェクトメンバー全員が一致団結しなければプロジェクトの成功は望めません。そのためPMはプロジェクトの目的、範囲、前提条件、スケジュールなどをプロジェクト計画書として可視化し、お客様利用部門を含めたプロジェクトの関係者全員で共有して、協力を得られるよう配慮する必要があります。

この問題のケースでは、プロジェクト計画書に記載された「プロジェクトの目的」をもとに、お客様の要望が「プロジェクトの目的」に合致するかを判断し、お客様と相談していきます。

たとえば、「システム費用削減」が目的であれば、この事例ではお客様の要望は目的に合致していないことが明確です。PMはプロジェクト計画書などをもとに「プロジェクトの目的」を背景にしたパッケージの導入方針を、「キックオフ会議」などを活用して、現場部門の方にも十分理解してもらう行動が必要となります。

難易度 ★★

問題その5 仕様変更多発

あなたがPMとして参画しているあるサブシステム新規構築プロジェクトは、要件定義工程を順調に進め予定どおり設計工程に入っている。しかし、設計工程でお客様レビューを実施したところ、業務仕様の仕様変更および仕様追加が多発し、その取り込み作業に追われ進捗は遅れ気味である。お客様に対して、仕様変更であることを主張し取り込みの取捨選択を求めているが、要件定義のときから口頭で要求していたことであり、仕様に取り込んでもらわないと利用部門が困るとの一点張りで押されている。この取り込みには費用がかかるが、お客様とは費用交渉ができる雰囲気ではなく、費用をいただけるかも分からない状態である。この状況で、PMとしてまず何をすべきか、次の中から最も適切な解答案を1つ選択しなさい。

Select

A 仕様変更一覧の棚卸しを実施し、お客様と取捨選択、スケジュールの調整を行う

B 仕様変更管理のプロセスが正しく回っているか確認し、問題がある場合、是正を行う

C 仕様変更が多発している原因を分析し、その後、対応策を検討する

D 当社が仕様変更と認識したものについては費用の提示を行い、お客様決裁が下りたもののみ取り込む

仕様変更じゃなく仕様誤り？

解答 その5　C

原因の本質見極めが重要です

このような状況だと、変更管理プロセスが機能しているかどうかに視点がいきそうですが、そんなに単純な原因ではない場合が多いです。この問題のケースでは、どうして設計工程に入った後に仕様変更が多発しているのか、その本質的な原因を分析する必要があります。考えられる原因としては、以下のようなものがあります。

- 要件定義工程でレビュー時間が不十分で、確認が次工程まで続いている。
- 要件定義工程でレビュー者が適任でなく、正しいレビューが実施されていない。
- 要件定義工程の設計書品質が悪く、要求事項が正確に書かれていない、または不足している。
- 設計書の記述は適切であるが、お客様の環境の変化で後から仕様変更要求が多発している。
- 設計書の記述は適切であるが、お客様責任者の方針変更があった。

前工程に起因する問題であれば、不足している作業または品質が悪い作業を補完する作業計画が必要になりますし、お客様内部の問題であれば、お客様に体制などの見直しをお願いすることが対応策となってきます。このように対応策が原因により違ってきますので、問題の本質の見極めが重要となります。

難易度 ★★

問題その6 混成プロジェクトの問題

G社様は、長年当社A部門が担当部門としてサポートしてきた製造業のお客様である。今回、業務パッケージを導入する商談が発生した。パッケージ開発元のB部門が商談時から中心となって推進していたため、受注後の体制作りでも作業量が多いB部門からPMを選出した。また、A部門のメンバーもアカウント部隊としてプロジェクトに参画し、混成チームとなった。プロジェクトは順調に進んでいたが、結合試験開始後にパッケージとかつてA部門が担当した既存システムとの不整合が発覚した。それまで、A、B部門ごとに、それぞれの売上規模に沿ったプロジェクト監査会を開催していたが、この問題解決のためにA部門が主導する合同監査会を開催した。ところが、解決策についてA、B部門の意見が異なり、集約できない状況となってしまった。このような状態に陥った一番の原因は何であるか、次の中から最も適切な解答案を1つ選択しなさい。

Select

- **A** 合同監査会を実施したこと
- **B** プロジェクトにA、B両部門の要員を混在させたこと
- **C** B部門からPMを選出したこと
- **D** 責任部門と責任範囲を明確に定義しなかったこと

お金の流れと逆の指示命令は聞きにくいですか？

解答 その6

D

合わせないと統制不能です

近年のようなマトリックス型の組織構成であると、この問題のような部門横断のプロジェクトが多くなります。このようなプロジェクトの場合、初期の段階で各部門の責任範囲を明確に定義することが重要です。

これを行わずにプロジェクトを発足させ、両方が責任を持つような、または責任の所在が明確でないような状況にしておくと、問題発生時にエスカレーションルートや指示ルートが複数発生することで、指示ルートごとに主張や指示が違うなどの問題解決に対するベクトルの違いが発生し、PMはその調整に忙殺されます。

WGメンバーの実際の事例でも、ある難しい問題が実際のプロジェクトでおこり、自分の所属する部門の上司は撤退を主張しました。しかし、他部門上司は問題解決のための調査を指示といった方針の不整合が発生し、その調整には時間がかかったそうです。お金の流れと権限・指示の流れを明確に定義しましょう。

また、このような場合、責任を明確にするのは部門長またはその上位の責任者のミッションですが、PMのあなたは、それが不明確と感じた場合、エスカレーションすることが大切です。

A、B、Cの選択肢は明確な問題要因とはなりません。

難易度 ★★

問題その7 個人情報のマスキング

あなたは、ある顧客管理システムの再構築プロジェクトのPMである。プロジェクトは結合試験に入ったが、試験データに問題があり中断せざるを得なくなった。試験データはお客様に現行システムから抽出していただき、個人情報にマスキング（個人情報が漏洩しないように他のデータに置き換える）してもらったものである。

お客様に試験データの再作成を依頼したところ、担当者の業務が忙しく、試験データの抽出は1日で可能であるが、マスキングをやり直すには2週間かかるとの回答を得た。結合試験の2週間遅れはリカバリー困難である。なお、お客様からは、これが原因で作業が遅延するのであれば、試験データへのマスキングをせずに結合試験を再開してほしい旨依頼されている。

PMとしてどのような判断を下すべきか、次の中から最も適切な解答案を1つ選択しなさい。

Select

A お客様の言うとおり、個人情報へのマスキングをせずに試験する

B お客様に試験データを抽出していただき、あなたの会社の移行チームで個人情報へのマスキングを実施する

C あなたの会社で試験データの抽出から個人情報へのマスキングまですべて行う

D お客様作業を待つ

個人情報漏えいは重大問題です

解答 その7

B

個人情報を持たないことが大切です

多くの企業の一般的なセキュリティルールでは、現行システムから試験データを抽出し、個人情報へのマスキングまでお客様に行っていただくことが基本となっていると推察します。

しかし、この問題では時間的制約がありますので、スケジュールを順守するためお客様に試験データの抽出まで行っていただき、個人情報へのマスキングはあなたの会社が担当する折衷案を正解としました。お客様先でマスキングを行い、持ち出しを防止する方策を取っていれば問題は少ないとWGでは考えました。

ただし、個人情報へのマスキングを担当する人には、コンプライアンス(法令遵守)を認識、遵守を求めるとともに、作業者を特定するように台帳管理することも忘れないでください。

スケジュールを順守するために、あなたの会社で現行システムから試験データを抽出することは、情報セキュリティの観点から行うべきではありません。また、試験データの個人情報にマスキングをしてテストすることは、昨今の情勢では常識ともいえます。

情報漏えいを発生させてしまったら、大変な労力がかかるばかりか、お客様を含め対外的な信頼をなくしてしまいますので、慎重に対応しましょう。

難易度 ★★

問題その8 要件の選択基準

あなたは、全国50か所に散在する利用部門の、お客様業務システム再構築プロジェクトのPMである。お客様経営層が第一に求めるのはコスト削減であり、予算には上限が設定されていた。

要件の整理はお客様側のシステム管理部門と行っていた。要件定義工程も終盤に入り、システム管理部門との間で要件定義書をレビューし合意を得てから、利用部門に対して要件定義書の説明会を行ったが、利用部門からは非常に多くの、現行業務システムの問題と思われる改善要求があげられた。この改善要望は予算的にすべてを受け入れることはできないことは明らかであった。

しかし、システム管理部門は「現行の問題点は利用部門が一番知っており、その改善要求を無下に却下すると今後のプロジェクト運営に支障をきたす。」と発言している状況である。

この状況下で改善要求を絞り込むために、PMとして最初にシステム管理部門に何を提案すべきか、次の中から最も適切な解答案を1つ選択しなさい。

Select

- **A** 利用部門に改善要求の優先順位を付けてもらうこと
- **B** あなたの会社の解釈で改善要求に対する優先順位を付けること
- **C** プロジェクトの目的・目標を再度整理すること
- **D** 改善要求への対応を別納期・予算で実施すること

改善の優先順位は？

解答 その8

C 目的に合っているかがポイントです

コスト・納期をお客様と約束するためにも要求の絞り込みは重要です。一方で、特に利用部門からの要求は「あれも、これも…」と増えることが一般的です。

昨今、システムには「お客様のビジネスにどれだけ貢献できるか」が要求されるようになってきています。したがって、数多く挙げられる要求を絞り込むには、「経営層が望むことの実現に直結するか」が重要な視点になります。

この視点から、WGの解答は「プロジェクトの目的・目標を整理する」としました。この次の行動は、整理した目的・目標をエンドユーザー部門と共有し、あげられた要求をプロジェクトの目標と対比させ、優先順位をつけ、選別していくこととなります。

このような事態を生まないためにも、PMはプロジェクトキックオフの時点で「お客様の経営層の視点」でプロジェクトの目的・目標とそのための手段などをステークホルダーと共有できるようにプロジェクト計画を立て推進していくことが重要であり、お客様の経営層の視点でプロジェクトをマネジメントできることが「ビジネスパートナー※として認めてもらえる」ことにもつながるものと考えます。

※ビジネスパートナー　様々な強みを持つ会社同士の協力でプロジェクトチームを作るケースが多いシステム開発において、協力体制にある会社のこと。

難易度 ★★★

問題 その9 見積りミス発覚

コンタクトセンターを新規構築する大規模プロジェクトのPMに、あなたが任命された。このプロジェクトはお客様コンペで最優秀となり、お客様から設計から製造を一括契約する内示をいただいている状態である。このコンペに提出する見積りは、あなたの会社が持っているコンタクトセンター専門の別部門で行った。あなたの部門は取りまとめて承認をしており、あなたは関わっていない。

あなたは着任後、プロジェクトの立ち上げ作業に取り掛かったが、一部作業の漏れに気づいた。この作業はコンタクトセンター構築に必須の作業であったことから、再見積りをしたところ計画より大幅に原価が増え、また納期も難しいことが判明した。商談時の担当者に確認したところ、この作業を見逃していたことが確認された。

今は契約直前であり、お客様は早々のプロジェクト開始を強く希望し、契約を急がされている。PMとしてこのプロジェクトに対し、まずどのように取り組むか、次の中から最も適切な解答案を1つ選択しなさい。

Select

- **A** 最新の損益内容で社内の承認をもらう手続きを進める
- **B** 見積りを行った部門へ、見積り漏れの責任を問う
- **C** お客様にスコープ縮小調整をお願いする
- **D** お客様に費用追加をお願いする

見積りミスのリカバリー

解答 その9　Ⓒ

稼動を第一にお客様と調整を

当初予定していた計画が崩れた状況でPMとして、どうプロジェクトを立て直していくかという問題です。この問題のケースでは、提案書を提出しているため、内示後にお客様交渉を行うことは大変困難です。このためお客様交渉をあきらめてエスカレーションを優先的に考えがちです。

しかし、PMとしては上長への報告は当然必要ですが、まずプロジェクトを立て直すために、誠心誠意お客様とのスコープ調整を実施し、打開策を探り、その上で最新の損益状況を判断して上層部の決裁を得る必要があります。

WGメンバーが関わった実際の事例でも、この問題よりもっと深刻なケースで、お客様とのスコープ調整を誠心誠意実施し、サービス開始に最低限必要なスコープと後から追加可能なスコープを分解することで、なんとかサービス開始に間に合わせた事例もありました。

Ⓐについて実施するタイミングは、お客様交渉後と考えます。Ⓑについては、一概に見積った部門責任とすることは困難です。Ⓓについては、お客様に別途予算を確保していただく交渉であり現実的ではないと考えます。

難易度 ★★

問題 その10 最初に行うこと

あなたは突然、組織からある別部門のシステム開発プロジェクトのPMに任命され、請負で作業を実施することになった。あなたは、そのシステム開発プロジェクトの商談活動にはまったく参加しておらず、そのプロジェクトの業界経験もない状況である。商談活動を推進したキーマンも簡単な引継ぎを終えるとすぐにほかのプロジェクトに異動してしまい不安一杯のスタートとなった。商談活動のキーマンからの主な引継ぎ資料は、RFP、提案書、見積り資料、受託条件書である。

RFPではこのプロジェクトの要求事項の1つとして「プロジェクト開始日」が定義されており、その日までにあまり余裕がない状況である。PMとして最初に行うことは何か、次の中から最も適切な解答案を1つ選択しなさい。

Select

A お客様の業務内容の確認

B プロジェクト体制の確保

C 見積りの再確認と確定

D 契約内容の再確認

一番重要なのはなんでしょう？

解答 その10

D

スコープの確定が重要です

問題にはいろいろな状況説明をつけましたが、この問題は一般的にプロジェクト立ち上げでPMが最初に何を行うべきか？という問題となります。任命されたPMは、契約履行責任者であり、お客様と取り交わされたRFP、提案書、契約書、受託条件書、そのほかの商談プロジェクトからの引継ぎ情報を精査し、お客様要求事項と契約の関係に矛盾や齟齬がないことをプロジェクト立ち上げ時に真っ先に再確認すべきです。とりわけ“スコープの確定”は重要であり、契約書にだれもが分かるような表現で明確に要求事項が整理されているかを、機能面、非機能面から確認すべきです。特に性能、信頼性、拡張性、保守性といった非機能面が明確に定義されていないことの問題が多く、一般に公開されている「非機能要求グレード」などで漏れがなく整理されているかを確認します。プロジェクト体制など、ほかの項目についても当然プロジェクト立ち上げ過程で検討し、最終的には実施計画書などをもとに組織の承認を受けて、正式にプロジェクトをスタートさせます。

難易度 ★★★

問題その11 そのパッケージ、大丈夫？

あるお客様のWeb物品管理システム（約120Kstep）のリプレース商談が発生し、2年前に販売開始となったパッケージが適用できそうなことが分かった。お客様要件とのFit ＆ Gap分析を実施した結果、2割程度のカスタマイズで対応可能である見通しとなった。PMはスクラッチ開発よりも競争力で圧倒的に優位に立てると判断し、適用を決めた。適用を前提として商談が成立し、開発がスタートしたが、適用時の状況は以下のとおりであった。

- 過去に本パッケージを適用した経験者が自部門にはいない
- 販売実績は数社程度であるが年間10件程度のバグが発生している
- 管理物品数は提供実績よりも5倍程度に増加する

PMとして開発を開始するに当たり考慮すべきリスクを洗い出し、解答案に示す4つのリスクを抽出した。
この中で、発生した場合に最も作業量が増え対応が困難と考えられることは何か、次の中から最も適切な解答案を1つ選択しなさい。

Select

A 性能問題が発生し対処するための作業増リスク

B 適用未経験によるカスタマイズ作業増リスク

C パッケージ提供会社のサポート中断による作業増リスク

D 品質問題が発生し対処するための作業増リスク

えっ、そんなことが…

解答 その11 Ⓒ

パッケージ選定は慎重に

素人目には、パッケージを適用することで、開発する箇所が少なくなり、新規に構築するより導入工数も少なく、簡単に構築できそうに見えることと思います。しかし、その簡単に導入できそうといった想像とは違い、現実のパッケージ適用プロジェクトのリスクは、開発を始めてからのお客様要件との不適合によりカスタマイズ工数増大、パッケージ自体の品質不良問題、パッケージ設計者がローテーションでいなくなっていることによるブラックボックス化などがあり、実際の多くのプロジェクトが苦慮してきました。この問題は、ある実事例を参考にして作成しました。このプロジェクトでは、Ⓐ～Ⓓすべての問題が実際に発生し、かなり難航したプロジェクトとなりました。中でもⒸの選択肢にある、開発会社から突然のサポート中止にあったことの対応が、一番大変であったということを知っていただくために作成しました。

このプロジェクトで発生した内容は、以下のとおりです。

- Ⓐの性能については、お客様の規模がパッケージの想定していた規模を上回っており、実際の結合試験工程で操作に対してのレスポンス問題が顕在化して、データベースSQLのチューニングと緊急ハードウェア増強で対処。
- Ⓑの作業増については、パッケージ自体の設計ドキュメントがほとんど存在せず、かつ作業者の業務知識不足が重なり、カスタマイズや試験が思ったとおりに進まず作業工数爆発。
- Ⓓの品質については、結合試験でパッケージの潜在バグが多数発覚し改修に多大な作業が発生。

そして、嘘のような話ですが、開発着手後にそのパッケージ開発会社が売れ行き不振で解散し、提供中止になってしまいました。代替パッケージも見当たらないことから、そのシステムでは提供中止となったパッケージの版権を譲り受け、当初どおりの計画で推進しようとしましたが、かなり難航したプロジェクトとなったようです。PMは「解散？あるわけないよ」などとリスクを軽視せず、いろいろなケース想定し、「もし発生したら…」という局面は常にシミュレーションして、対処案を考えておくことが大切です。

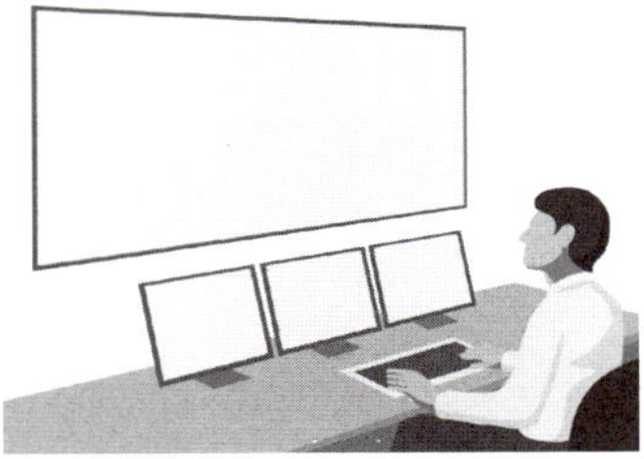

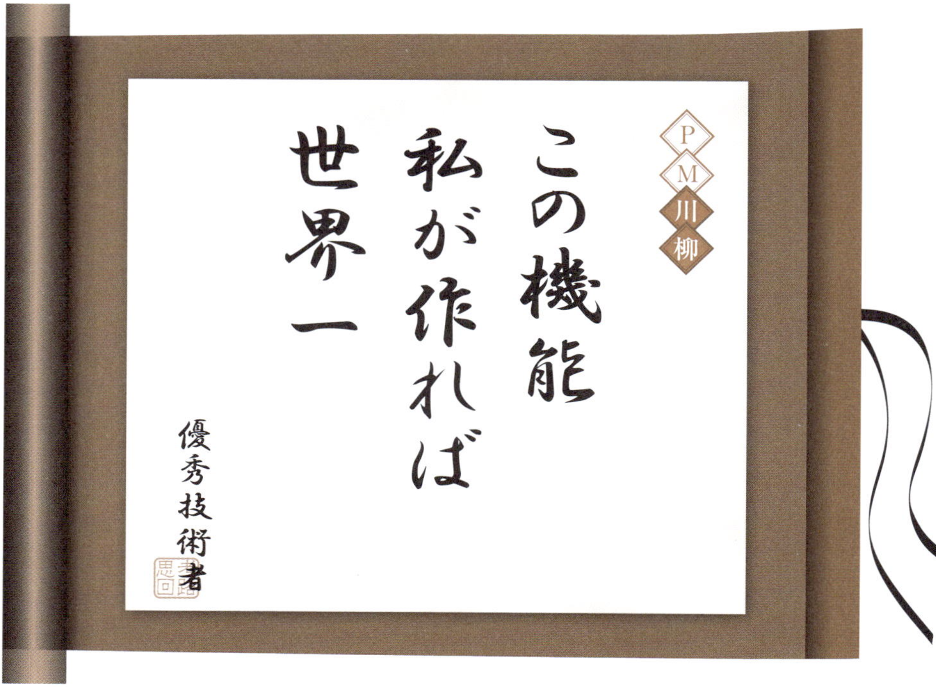

アプリケーションプログラム開発などで、お客様からの要件を超える機能の開発に無断で挑戦してしまう開発要員が時々出現します。たとえば、要求仕様では明示されていない“便利機能”、“隠し機能”、“お客様のローカルな要望に基づく機能”などが入っていたりします。技術者としての“良心”や“自己満足”が動機になりますが、変更管理を通さない機能拡張です。いわゆる“スコープ・クリープ(スコープの肥大化)”につながり、スコープ管理上問題であること、今後のメンテナンスやビジネスの観点からも不適切です。PMや開発リーダーはこういったことが発生しないよう注意して開発現場を観察してください。

第2章

品質悪化はコストと納期に跳ね返ります
（品質の問題）

品質の問題

品質悪化はコストと納期に跳ね返ります

一般的にプロジェクトはQCD（品質、コスト、納期）が重要といわれています。この3つはトレードオフの関係にあり、密接に関わるものです。納期が短くコストをかけられないプロジェクトは、品質を一部犠牲にするマネジメントをしがちです。しかし、品質を犠牲にしたことで、とんでもないトラブルが発覚し、大赤字となるプロジェクトはよく見かけます。PMとしては品質は最優先に考えるべきものといえます。

難易度 ★★★

問題その1 緊急トラブル対応

あなたはあるお客様の自社商品インターネット販売システムの保守を担当しているPMである。このシステムは、1台でも性能的に満足するが、信頼性向上のために2台のロードシェア（負荷分散）構成となっており、早朝に再起動する運用となっている。ある日、このシステムの1台がうまく再起動せず、1台で商用サービスが開始する事態となった。問題については直接的な原因は分かり対処も可能であるが、根本原因追究には各種ログを確認する必要がある。
しかし、対象ログの量が多いことから、ログの全量採取には現状の片系運転のまま数時間の採取時間がかかる見込みである。また復旧のためにサーバーを再起動してしまうと、調査用ログがすべて初期化され採取不可能となってしまう。これをお客様に報告したところ、「業務の信頼性確保が最優先である。調査を打ち切り、復旧最優先で2台構成に戻すこと」との依頼を受けた。PMとして現場にどのような指示を出すか、次の中から最も適切な解答案を1つ選択しなさい。

Select

- **A** お客様の依頼どおり、復旧最優先で作業を指示する
- **B** 10分程度で終了する重要度が高いと判断するログを取得するよう指示する
- **C** シングル構成のまま、全部のログを取るようにお客様に提案する
- **D** 復旧最優先で作業し、お客様から解析不能と一筆をいただく

お客様の意向は絶対か？

解答 その1

C プロとして最善な策を提案しましょう

現場でよくあるコンフリクト事例です。このような状況となったとき、Ⓐのように業務優先で安易にログを取得しないで復旧しても、後日同様な事象が再発して問題が長期化するケースがあります。今回のケースは社会的影響が限定されているシステムではありますが、利用者に迷惑を掛けることや販売のチャンスを逃すことにつながるため、再発防止に向けてしっかり問題を見極めるために、ログの取得をお客様にお願いし、問題の切り分けを確実に実施する選択をすべきとWGでは考えました。Ⓑの対処は、お客様の指示に反したことを行おうとしており、PMの重要な価値観である「誠実」に違反します。Ⓓの対処は、一筆を取ったとしてもこの問題が後日再発し、頻度が高まるリスクにおいての防御手段とはなり得ません。一筆書いていただいたとしても問題の解決にはつながらないため、このような対応を取るべきではありません。しかし、この問題のケースでは社会的影響が限定されているシステムであるのでこの対応で可としましたが、人命に関わるようなミッションクリティカルなシステムであれば、Ⓐの選択をするケースもありそうです。

また、本来このような事態を招かないために、あらかじめ対処手順を整備しておくべきとの意見がWGメンバーからありましたが、全障害パターンを事前に洗い出して手順化するのは難しいことです。この辺りもPMとしては悩ましいところです。

難易度 ★★

問題 その2 未承認のツール

あなたがPMを担当したシステムは、先月から本稼動を開始している。先日、本番環境に絡んだ小さなトラブルが発生し、本番環境の再確認を実施したところ、環境設計書にも運用設計書にも記載されていないさまざまなトラブル調査ツールやリカバリーツールが組み込まれていた。もちろん、お客様もその存在を知らない模様である。
環境担当リーダーに確認したところ、何かあったときに便利であろうと環境グループ判断で組み込んだと回答があった。ツールの内容を調査したところ、外付けツールのため本番環境への影響はないと判明している。
この状況下でPMとして最初にとるべき最善の行動は何か、次の中から最も適切な解答案を1つ選択しなさい。

この問題は、小惑星イトカワを探索した探査機はやぶさをヒントにしてWGで作成した問題です。はやぶさのエンジンには誰も知らない隠れた回路があり、ピンチのときにそれを使って地球に帰還できました。PMとしてこの事象をどう考えますか？という問題です。

Select

- **A** お客様に報告し、即刻ツールを撤去する
- **B** お客様に報告し、判断をお客様に任せる
- **C** お客様に報告し、継続して使用するように提案する
- **D** 本番環境へ影響がないので、そのままにする

リカバリーがうまくいったのは、ツールのお陰じゃないの？

解答 その2

Ⓒ 結果オーライでは駄目です

お客様の本番環境にもかかわらず、自分が良かれと判断して勝手にツールを組み込んだり、設定を変更する担当者はしばしば見受けられます。特に、アプリケーションプログラム開発に重点を置くプロジェクトでは、インフラやアプリケーション基盤関係に対するPMの注意が薄れがちです。今回は、担当者に悪意はなく本番環境への影響もないため、継続しての使用を提案することがよいと判断されます。本来、本番環境はお客様の資産であり、お客様の許可なしにツールを組み込んだり環境を変更することは許されません。PMはインフラ、アプリケーション基盤まわりのルールやチェックに気を配る必要があります。

Ⓐについては、セキュリティの問題があるため「お客様了承を得ない資産は即時撤去すべき」との議論もありました。しかし残すことで有効ならば撤去しないで良いのではとの意見や、逆に削除することによるデグレードの心配もあるという意見がWG内にあり不正解としました。Ⓑは PMとしての意思がなく、お客様に丸投げしているので不正解です。Ⓓは本番環境はお客様資産との認識がないので不正解としました。

難易度 ★

問題その3 試験時のエビデンス取得

あなたは、Webでの販売受付システムのPMである。開発工程は結合試験の終盤となり、結合試験の納品物である「結合試験仕様書兼成績書」をお客様に提示したところ、試験結果のエビデンスも提出してほしいと言われた。確認したところ、受託条件書には結合試験の納品物は「結合試験仕様書兼成績書」のみしか記載していなかったため、自社で作った試験計画書にはエビデンス取得はルール化されておらず、試験担当者（ビジネスパートナー）がエビデンスの取得を行っていなかった。
お客様からは試験結果が確認できるエビデンスがないと内容を判断できない、エビデンスを提示することは受託条件書に書いていなくとも常識である旨を言われている。
PMとしてどうすべきと考えるか、次の中から最も適切な解答案を1つ選択しなさい。なお、開発工程には十分余裕があるものとします。

Select

A ビジネスパートナー責任とし、再試験を実施してもらいエビデンスを取得する

B 受託条件書に記載がない旨を主張し提出しない

C 無償でエビデンス取得の再試験を実施する

D お客様にエビデンスを取得する費用交渉を行う

試験のエビデンス取得は必須？

解答 その3

Ⓒ

基本的に必須です

試験結果のエビデンスを取得することは、自分が試験結果を検証するためにも必須です。現実的にエビデンスまでは受託条件書に記載しないことが多いのが実態と考えますが、PMとしては受託条件書の納品物に記載されていなくてもエビデンスの取得を計画することが常識だと捉えてください。

本来であれば、試験計画書にエビデンスの取得を明記し、かつ、お客様に提出内容の承認を得ておくことが必要です。このため、無償作業とはなりますが、Ⓒの「無償で、エビデンス取得の再テストを実施する」が最もよい回答とWGでは考えました。ただ、全試験をやり直すことは費用と期間もかかってしまいますので、お客様に指定いただいたサンプリングでエビデンス取得＆成績再確認を行い、その実績から、お客様に納得していただくような交渉もあると考えます。

試験計画書にエビデンス取得のルール化を行っていなかったのは自社の責任であり、Ⓐのようにビジネスパートナー各社に責任を転嫁すべきものではありません。また、最初に述べたようにエビデンスの取得は本来行う必要があるものですので、ⒷやⒹのようにお客様に責任を転嫁するものではありません。

WGメンバーも同様の問題を経験している人が多くおり、エビデンスの取得内容まで注意して合意しないと問題となる可能性があります。また昨今増えてきているWeb系の対話型開発では、単体試験のエビデンス取得が難しいので、さらに注意が必要です。

難易度 ★

問題その4 工程完了判定時の判断

あなたはアプリケーションプログラム開発プロジェクトのPMである。基本設計工程も終盤となり工程完了判定を実施したところ、開発リーダーからレビュー密度、レビュー指摘密度ともに指標値の範囲であり、十分な品質確保ができている旨の報告があった。しかし、基本設計ドキュメントの第三者検証では一覧系ドキュメントが不足しており機能間で不整合が発生する危険があることを指摘されているが、対策は打てていない。また、この一覧系ドキュメントは成果物として定義済みであったが、お客様からの工数削減依頼があり、PM判断で作業を省略したものである。

なお、基本設計工程は準委任契約でお客様のレビューは完了し、お客様からは完了判断をもらっている。基本設計工程の完了時期は迫っており、この状況でPMとしてどのような判断を下すか、次の中から最も適切な解答案を1つ選択しなさい。

- Ⓐ 品質は指標値の範囲であり、基本設計工程完了とする
- Ⓑ 不足ドキュメントを作成させ、再度工程完了判定を実施する
- Ⓒ 基本設計工程は完了とし、次工程で不足ドキュメントを作成する
- Ⓓ 準委任契約で弊社責任範囲外のため設計工程を完了とする

上流のドキュメント不足は問題か？

解答 その4

B 上流のドキュメント定義は重要です

基本設計書のドキュメント不足や記述不足は詳細設計工程に大きな影響を及ぼします。一覧系ドキュメントに注力しなかった結果、詳細設計で機能不整合が発生してしまっているケースが実際のプロジェクトでも散見されており、軽視できない問題だとWGでは考えています。

Ⓐのように、指標値の範囲内だから問題なしと判断するのは危険であり、品質は必要なドキュメントが作成されているか、記述不足がないかなど定性的な評価も踏まえて判断しましょう。

また、Ⓒのようにスケジュールを守るために工程を完了させ、是正策として詳細設計工程で一覧系ドキュメントを作成することを計画しがちですが、一覧系ドキュメントは詳細設計を開始する上で必要なドキュメントで、不足していると手戻りが発生する危険があります。

Ⓓは準委任契約だからといって責任をお客様に転嫁できる問題ではありません。受注者としての責任が問われます。工程完了判定時に品質、コスト、納期の何を最優先で判断するか、PMの悩みどころですが、品質を守ることはコスト、納期を守るということであり、品質を重視して各種作業を計画することが重要です。また、PMは問題の本質に思いを巡らす思考回路がいつも働くことが何よりも大事だと考えています。いろいろな問題の対応が対症療法に終わるだけでは正解の半分ではないかと考えますので、この問題のドキュメント不足をプロジェクト計画の不備ととらえ、他工程でも同様な一覧系のドキュメント不足が発生していないかの検証も必要です。

難易度 ★★

問題その5 パッチ適用

あなたはWeb上であるサービスを新規提供するシステム開発プロジェクトの基盤構築グループを率いるPMであり、現在は結合試験工程終盤の状況である。お客様の他システムでOSの既存障害が発生したことで、あなたが担当するシステムについてもお客様から点検依頼があった。調査したところ同様な障害が潜んでいる状況であった。また、このシステムは構築開始から現時点まで半年ほどパッチを適用していない。これをお客様に報告したところ、早急にパッチを適用し最新化せよとの依頼を受けた。
本プロジェクトの試験環境は、東京と大阪に合わせて数百台サーバーがあり、OSもさまざま、パッチに関しての適用ポリシーもない状況であった。
また最新パッチをすべて適用するにはかなりの工数と期間がかかると担当から報告があがっている。お客様要求に対し、PMとしてどのように応えるべきか、次の中から最も適切な解答案を1つ選択しなさい。

Select

A その障害のパッチのみ適用

B 重要障害を選別して適用

C 未適用パッチをすべて適用

D 前工程の試験が無駄になるため、パッチ適用せずに障害を運用回避

パッチをあてるかどうかの判断は？

解答 その5

B パッチ適用方針の決定が必要

この問題の本質は、パッチ適用の方針が決まっていないことにあります。基盤構築に当たっては、どの時点で環境凍結し、それぞれの試験工程に発生した障害についてどのように取り込んでいくかの方針を要件定義時に決め、お客様と合意することが大切です。

一般的には結合試験前に環境を凍結し、その後発生したパッチは定期的に適用することが多いと考えます。今回の場合は本来適用すべきパッチを実施できていないので、ミッションクリティカルなシステムであれば、すべてのパッチ適用後に影響箇所の結合試験のやり直しとなりうるケースです。

今回の問題事例では、システム特性からそこまでのコストをかけることは望ましくありません。また全パッチの適用は、納期・コスト的に判断すると問題があります。WGでは重要障害の選別基準などのポリシーを具体化し、お客様との合意文書を明確にして、選択してのパッチ適用することが望ましいと判断しました。

その障害のみのパッチを適用することは、昨今のオープンシステムのパッチ発生状況からは望ましくなく、未適用パッチすべての適用は、コスト・納期・デグレード発生確率から厳しい状況です。パッチを適用しない選択は一番問題がある選択であり、昨今のオープンシステムでは、発生トラブルの80%が既障害だというデータもあることから、メインフレームのように、凍結するという選択は既存障害で問題を起こすリスクが高いといえます。

追加の情報となりますが、オープンシステムでのパッチは累積パッチとして提供されるので、ピンポイントでその障害のみ適用ということは難しくなっていることにも注意が必要です。

難易度 ★★

問題 その6 監査部門からの品質指摘

あなたが担当している開発プロジェクトは、2か月の予定の結合試験工程も終盤に差しかかっており、1週間後にお客様主催の工程完了判定会議が開催され、その後すぐにお客様受け入れ試験が開始される予定である。

あなたは、お客様の情報システム部門に対して品質面では特に問題ないとの事前報告を行った。これをお客様も了承し、お客様の各利用部門に受け入れ試験を推進する旨のアナウンスが行われている。

そんな折、結合試験の障害処理票を検査していた第三者品質検査部門から、懸念事項の指摘を受けた。品質指標値相当の障害件数が検出できているものの、仕様誤り・仕様漏れを原因とした障害比率が、一般プロジェクトに比べ高いとの指摘であった。

本稼動までに残された期間、コストに余裕はない。あなたなら、まずどのような対応をとるか、次の中から最も適切な解答案を1つ選択しなさい。

Select

- **A** お客様の承認は得ているので、このまま進める
- **B** お客様にリスクありと報告した上で、実態調査を行い、対応策を検討する
- **C** 実態調査を行い影響・対応方法を見極めた上で、お客様に報告する
- **D** お客様受け入れ試験と並行して内部で実態調査を行い必要に応じて強化テストを行う

まず実態調査と考えるでしょうが

解答 その6　Ⓑ

場面によってはリスクの共有が優先です

第三者品質検査部門は、客観的な立場・視点で検査することで、現場では発見しにくい不具合を発見したり状況分析・対策立案などを助言したりします。
現場としては鬱陶しいと感じる場合があるかもしれませんが、プロジェクトの品質を向上させる意味でその指摘は重視すべきです。今回の問題では第三者品質検査部門から指摘されたリスクをどのように判断するかがポイントです。
仕様面でのリスクを軽視し、お客様受け入れ試験で膨大な指摘が噴出し、収拾がつかなくなり、お客様に迷惑をかけ大問題になるプロジェクトは後を絶ちません。
今回の問題の場面では、この問題に対する調査と社内判断ができていないと、工程完了判定会議が無意味となるため緊急性があります。よって、まずはお客様にリスクがあることを報告することが第一と考えました。報告後に実態調査と影響・対応策を検討しましょう。
実態調査は、仕様の重大問題に対し、きちんと横展開できているかを見極め、仕様面の不具合が内在していないかの判断を行います。その上で、影響がある場合は、影響範囲と対応策を考えましょう。
Ⓒはお客様に報告するにも原因や対処・見通しがないと報告できないため、まずは実態調査を行ってからと考えやすいですが、この問題の場合、次工程までに時間がなく手遅れとなるおそれがあるためNGです。Ⓐ、Ⓓはすでにお客様に了承をもらっており、顕在化していないリスクに対してお客様内部の無用な混乱を避けるため、何か起きてから考えようとの発想でよく見られる対応ですが、万一顕在化した場合に大きな問題になるだけでなくPMの責任を問われかねないため避けるべきです。

難易度 ★★

問題 その7 誤字脱字の指摘多発

あなたはPMとしてある新規のお客様のプロジェクトを推進していたが、詳細設計工程も終盤に入った。内部レビューを完了したサブシステムから、順次お客様レビューを開始することになった。依頼後しばらくすると、1ページあたり約5件の指摘があると同時に、お客様上層部から品質に対するクレームを受けた。クレームの内容は設計品質がレビューに耐えうるレベルになっていない、というものであった。指摘内容を分析すると、指摘の95%が誤字、脱字、ドキュメント体裁など形式に関するものであった。また、レビュー担当にヒアリングすると、レビュー時間のほとんどが形式チェックに費やされ、内容に関する議論はほとんどされていない状況であることも分かった。

レビュー対象物をPMとして再点検したところ、他プロジェクトの事例と比較してもドキュメント品質としては期待外れのできではなく、レビューに耐えうるレベルであると判断した。

PMとしてまずはどのような行動を起こすべきか、次の中から最も適切な解答案を1つ選択しなさい。

Select

A お客様にレビューの観点を提示し、内容にも踏み込んでレビューを継続していただくよう依頼する

B 形式よりも内容を問題にすべきで、お客様のレビュー方法は間違っている旨反論する

C 他プロジェクト事例と比較し、品質に問題ないことを説得する

D 誤字・脱字・体裁チェックを至急やり直し再度レビューを依頼する

誤字脱字は障害カウントすべきでしょうか？

解答 その7

D
作業品質を疎かにしてはいけません

お客様の品質に対する要求レベルを見誤るといろいろな場面でトラブルになります。今回は新規のお客様なので、それを最初に知るのは難しいのですが、日常のコミュニケーションの中で把握していくしかありません。

今回の例はお客様レビューでのクレーム発生です。設計書は業務面、仕様面を中心に記述してあれば良く、誤字、脱字は些末なことと捉えている開発者も多いと思います。PMとしては、設計書の構成だけではなく、「てにをは」の使い方、表現方法なども含めて設計書の書き方の標準化や開発者への教育などの作業品質にも気を配ることが必要です。WGの経験では、ライブラリ管理チームのほかにドキュメント管理チームを設置し、お客様提出の水際で形式チェックを真剣に実施した事例がありました。

事前にお客様の品質要求レベルを理解し、レビュー要領の相互合意をきちんと実施して対策を打てればベストでしたが、作業品質に対する信頼確保のためにも形式チェックをやり直し、再度レビューを依頼するのが得策と考えました。

Ⓑについては主張が誤っていますし、Ⓐ、Ⓒも簡単には説得できそうにありません。形式観点での品質確保はプロジェクト全体の問題として、標準化、ピアレビュー段階で撲滅するなどの対策により底上げを図る必要があることはいうまでもありません。

難易度 ★★

問題 その8 品質の判断

あなたがPMの6か月の短期プロジェクト（設計2か月、製造〜単体試験2か月、結合試験2か月）が進行しており、単体試験工程が約2週間の遅れで終了し、この遅れは結合試験で取り戻すつもりでいた。ところが単体試験の品質評価報告を見ると、テスト項目数および障害摘出数ともに指標と比較して3割程度低い状況であった。担当者にその旨指摘すると、「同様なシステムの開発経験を有するベテランが開発したので品質は問題ありません」との返事であった。また、この担当は長年つきあいのある担当であり、成功実績もあった。

納期が切迫している中、品質・進捗確保に向けPMとしてまずはどう対応すべきか、次の中から最も適切な解答案を1つ選択しなさい。

Select

- Ⓐ 障害フォロー体制を作り、結合試験を進行
- Ⓑ 受け入れ試験を実施し、品質状況を実際に確認
- Ⓒ 単体試験項目を追加し、結合と並行して強化試験を実施
- Ⓓ 結合試験にそのまま移行・進行

長年のつきあいだからって大丈夫？

解答 その8　Ⓑ

自分の目で確認・判断しましょう

今回のケースでは、短納期でしかも遅れが発生している状況です。長年の担当者からの報告であり、PMとしては信用して先を急ぎたいのは山々ですが、まずは基本に立ち返り受け入れ試験を通して品質状況を正確につかむことが重要です。その上で弱点があれば問題を把握し、必要に応じて強化試験や結合試験での品質確保といった対策を講じます。品質に対してはPMは常に疑いの目を持ち、些細な兆候を監視し慎重に対応していきましょう。また一般的に、品質指標との乖離があった場合は、無条件に乖離分を埋めるために追加試験などの行動に走るよりも、乖離分析をきちんと実施し、実態を把握してからの方が効率的と考えます。乖離分析の結果、問題があれば試験不足や試験結果の見落とし、担当の試験スキル不足、試験環境の不足などが出てきますので、効率的な対策を考えましょう。

Ⓐの障害フォロー体制構築は、単体レベルの障害修正に手を取られ結合試験がうまく推進できない可能性があるためNG。Ⓒは分析をしないでの試験追加となり、効果的に障害を摘出することは困難ですのでNG。Ⓓのそのままいくはリスクの先送りにすぎずNGとなります。

難易度 ★★★

問題 その9 性能問題発生

あなたがPMを担当するプロジェクトは2か月後のサービス開始を予定している。プロジェクトは問題なく推進され、特に品質的な弱点も発覚していない。ところが結合試験工程で、実データを使った試験を実施したところ、ある10Ksほどの移行プログラムが机上で検証した予定性能の4倍の処理時間がかかっていて、移行予定時間内に終了しないことが分かった。このときのサーバー状況を見ると、CPU負荷率が100%でありそのほかのリソースに不足はない。

この移行プログラムは今回のプロジェクトで新規開発し、単体、結合試験の結果は良好であり、品質分析でも良好と判断されていた。製造に関わった要員は縮小しており、解決のための時間も少なくなってきている今、PMとして最初にどのような行動を起こすべきか、次の中から最も適切な解答案を1つ選択しなさい。

Select

- **A** 移行プログラムのソースを解析し性能改善にトライ
- **B** 移行時のみCPUを一時的に増強することを検討
- **C** 移行フローを見直し、必須ではないバックアップなどを削除
- **D** 品質分析結果の是非を改めて有識者で見直し、弱点を発見

性能問題の王道は？

解答 その9

A ロジック変更で改善可能かを判断

サービス開始まで2か月という状況での性能問題発覚です。CPUがボトルネックであるなどというと、最近のようにCPUが安くなっている状況からは、すぐ安易にCPUを追加したくなったり、バックアップを削除したりしてしまうなどの対症療法を考えたくなってしまいますが、性能問題の王道はやはりプログラムソースを見て、真の原因を見つけることにあります。

机上検証してないプログラムの場合は、そもそも性能設計から疑うことが必要です。机上できちんと検証済みのプログラムでの性能悪化は、まずはCPUを無駄に使っているロジックやSQLがないかを、チェックリストや実行時のログやトレース情報などを使って丹念に調査し、真の原因を取り除くことが結局は近道です。期限を決めてまずはこの観点から取り組みます。

また、解析に当たっては組織の有識者をアサインするなどして、性能問題解決の組織ノウハウを注ぎ込むことも有効です。WGメンバーもこのような実例は多数経験しており、1日以内で終了しないようなバッチ処理を1日間の有識者レビューで1.5時間にチューニングしたなどの事例が多数あります。

難易度 ★

問題その10 品質指標値の考え方

お客様からの要望で、あなたの部署では未経験の開発手法・言語を使用して中規模のWebシステムを開発することとなった。このプロジェクトのPMであるあなたは、アプリ品質をどのように定量評価すべきかを悩み、調査を重ねた結果、以下のことが分かった。

- 共通技術部門に確認してもデータが蓄積されていない。
- 類似する開発手法・言語について社内で実践している部門があり、その品質データ（テスト率、バグ率などの品質指標値）は入手できる。
- 試験についてはPC上で対話形式で実施される手法である。

このプロジェクトでの品質定量評価方針について、PMとしてまずはどのように考えるか、次の中から最も適切な解答案を1つ選択しなさい。

Select

Ⓐ ほかの実践部門の品質指標値を参考に全面的に流用

Ⓑ ほかの実践部門の品質指標値を参考に初期値を決定し適宜改善

Ⓒ ほかの実践部門の品質指標値を参考に新規に策定

Ⓓ ほかの実践部門の品質指標値は参考に止め、試験網羅性を高め品質を確保

実績のない開発での品質指標値は？

解答 その10

B 見直しを繰り返し育てましょう

ソフトウェアの一般的なシステム開発においては、設計から製造の各工程完了時に、定量評価と定性評価といった分析手法を使った品質分析を実施して、各工程完了に問題がないかどうかを判断します。
定量評価を行うには、自部門や管理部門が持っている、あらかじめ実績のあるレビュー密度(対象物をどの程度の工数でレビューしているか)やバグ密度(対象物の単位あたりのバグ検出数)などの指標値と比較し、実績値が多い少ないを評価します。定性分析は量にとらわれずに、プロジェクトチーム特性や開発の経緯などから数字では表現できない評価をすることです。
今回の問題は、実績のない手法や言語を適用して定量的に品質評価する場合、PMとしてはどういう方針で臨むかという問題です。あなたの部門にとって実績がないのであれば、社内外から関係する技術情報を広く収集・勉強する、支援部門や有識者に相談するなどが考えられますが、それも厳しい状況で、唯一ほかの実践部門の類似情報は与えられている…という設定で問題としてみました。
この条件では、まず最大限の努力をする観点で、自分で類似情報を徹底的に調べる、調べた情報で自プロジェクトへの適用をシミュレーションする、プロジェクト内にパイロットチームを設け、実際に先行開発することでデータを収集するなどして、その結果を評価して定量的な品質指標値の“初期値"を決めることが有効です。

ただし品質指標値は、決めればそれを未来永劫そのまま使っていくものではありません。指標はチームの技術習熟度によっても変わるものであり、いったん決めた品質指標値も、時々棚卸しを行い実態に照らして効果的な運用ができるように改善していくこと（PDCA）が必要です。既存の開発手法・言語で共通部門が開示している品質指標値の扱いについても、プロジェクト特性に合わせて適宜見直しをして最適な値に近づける姿勢が大事です。

Ⓐはそのまま有効適用できるかに疑問があり、Ⓒは新規作成まではかなりの労力が必要でさらに最後までその値で適用することの不安があります。Ⓓは小規模プロジェクトであれば最も効率的である可能性はあります。

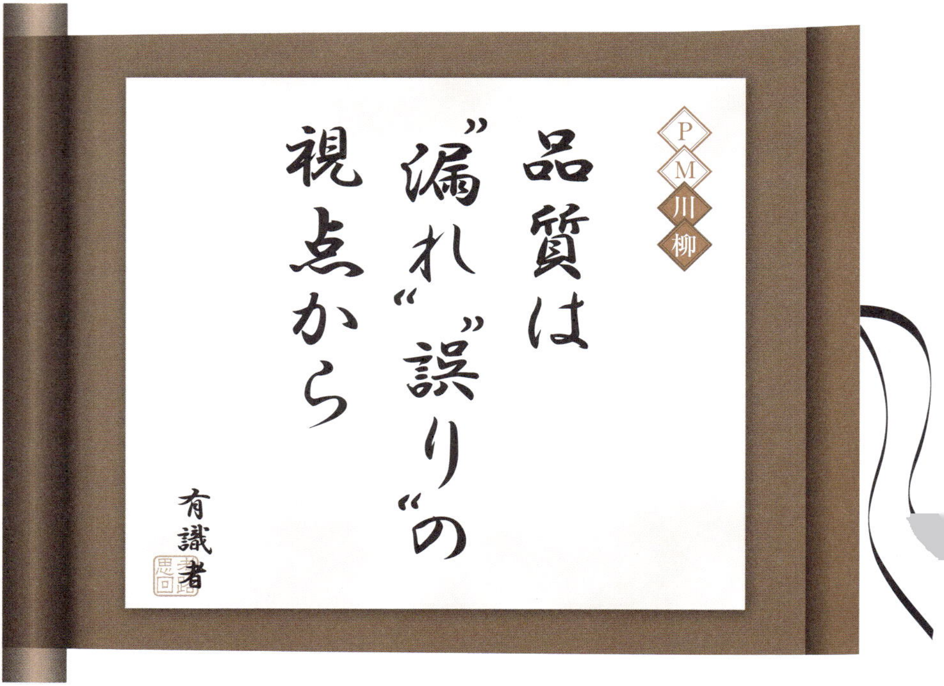

製品開発などの現場では、良好な品質マネジメントが課題です。品質問題の原因を追究していくと、設計ミスや製造ミスなどの一次原因が挙げられますが、とどのつまりは人間の活動上の “漏れ” または “誤り” に起因します。これらをレビューなどでいかに事前に正すかが品質の確保につながります。“誤り” は上位成果物などとの「比較」で発見しやすいですが、網羅性観点からの “漏れ” はなかなか気が付きません。発生してしまったら後工程での影響も桁違いです。有識者を入れた、より高い視点からのレビューなどで発見していくことが効果的です。

第3章

プロジェクトの基本は人です
（人的資源の問題）

人的資源の問題

プロジェクトの基本は人です

プロジェクトの成否は、プロジェクトを構成する人のマネジメントが重要な要素となります。限られた期間内に最大限のパフォーマンスでプロジェクトの目的を達成するには、メンバー全員のベクトル合わせを行い、各自が持つ力を最大限に活かすことが必要です。

人の長所を活かし、短所（不足）をほかの人（方法）でカバーするような人員計画・職場環境作りは、まさにPMの腕の見せ所です。

難易度 ★

問題その1 新規参画メンバーへの対応

あなたはある業種向けのアプリケーションプログラム開発プロジェクトのPMである。詳細設計工程は順調に進んでおり、製造工程に向けて体制を強化すべくビジネスパートナーと開発体制の調整を行っていた。しかし、あるビジネスパートナーからほかのプロジェクトが並走しているため要員調整が難しく、未経験の開発者がプロジェクトに参画せざるを得ない可能性があるとの回答があった。ほかのビジネスパートナーにも当たってみたが、同業種の案件が活況な状況であり、同業種の経験者が対応できる状況にない。

製造工程は請負契約で発注予定である。未経験の開発者が参加するこのプロジェクトにおいて、製造工程での品質を確保する施策として最も有益なものはどれか、次の中から最も適切な解答案を1つ選択しなさい。

Select

A 納品時に全数受け入れ検査を実施し品質指標値の範囲外の場合は差し戻す

B スキルチェックシートでスキルチェックを実施し、有識者を確保する

C 先行開発で、開発標準やフレームワークを理解させる

D 開発者ごとに成果物の品質を確認し、直接改善策を指示する

新規要員のスキルアップ方法は？

解答 その1

Ⓒ 先行開発でスキルアップ

期待した開発スキルを持った体制が十分に確保できることは滅多にありません。また、ビジネスパートナーへの請負契約の場合、見積り依頼時に必要なスキル・経験などの条件を提示することは許されますが、個人ごとにスキルを確認したり指名して作業者を特定することは法律違反ですし、請負作業メンバーに対して直接の指示もしてはなりません。

このためPMとしては与えられた体制を前提として品質の確保を考える必要があります。

Ⓐは受け入れ検査の実施は重要ですが、この時点で差し戻しても進捗遅れにつながるおそれがあります。

Ⓑ、Ⓓは上述のとおり契約上行ってはなりません。

最も有益なのは早い時点で開発標準や規約などを説明し、実際に先行開発させ、ノウハウを横展開することで、全体の底上げを計画するⒸだとWGでは判断しました。

難易度 ★★★

問題その2 リーダーのボトルネック解消

納期が非常に厳しいプロジェクトがあり、設計の半分が経過した時点で、進捗率が30%で遅れは徐々に広がりつつあった。本システムの開発は、業務リーダー1名と機能別に3名のサブリーダー以下計10名の設計要員で担当している。業務リーダーは業務全般に精通していて、またサブリーダーの力量がいま一歩のため、お客様との打合せにすべて参加し、各種管理作業も抱え込んでいて多忙を極め疲労も積み重なっていた。業務リーダーは責任感が強くお客様からも信頼されているため、納期厳守さえすればやり方はお客様から一任されている。現在の遅れは明らかに業務リーダーがボトルネックであるが、このまま推移すると対外アナウンス済みの稼動日が守れないおそれがある。何らかの策を講じて進捗の回復を図る必要があるが、PMとして有効な対策案は何か、次の中から最も適切な解答案を1つ選択しなさい。

Select

- **A** 仕様調整作業をPMがバックアップする
- **B** 新規要員をアサインし、業務グループを強化する
- **C** お客様との打合せの回数を減らしてもらう
- **D** 業務リーダーの知識・ノウハウがなければ対応できない作業に絞り込み、その他作業はサブリーダーに任せる

業務負荷の分散方法は？

解答 その2

D

その人しかできないことの選別が大切

責任感の強い人はとかく仕事を抱えこみがちになり、能力以上の仕事を抱え込み他人には任せられないとの悪循環におちいり、進捗が遅れていく傾向があります。この状況はここがボトルネックとなることで、プロジェクト全体の進捗の悪化につながりますので、PMとしては組織として仕事を進めていくように、適切な作業分担に配慮する必要があります。

なかなかこのような責任感の強い人のもとに人を補充だけしても、使いこなせないケースが多いので、PMは作業見積り、スケジュール作成の原点に返り、WBSなどで改めてその人の現在の作業内容を分析してみます。

そして、知識・ノウハウが必要でどうしてもその人でなければ対応できない作業と、深い知識なりノウハウがなくても簡単な指示でこなせる作業とに分解し具体的に作業を指示します。たとえば、有識者は設計書、ソースコードに赤入れするのみとし、その実際の整理修正はほかの人に応援させるなどの対策を検討することや、会議議事録などの応援者でもこなせそうな仕事を分離するなどです。

ほかの選択肢については、PMが仕様調整を十分できるか？新規要員投入でいきなり効果が出るか？お客様打合せを減らして仕事が進んでいくか？など疑問が残ります。

難易度 ★

問題その3 未経験業務のマネジメント

総計200人月程度で開発期間は約1年のある業務開発プロジェクトが進行していたが、設計工程途中にPMが病気のため長期入院となってしまったことで、ほかのプロジェクト成功体験を持つあなたが代わりにPMに任命されることになった。

現在はお客様への紹介も済んだばかりの状況である。しかし、あなたにとって初めての業種であり、業務知識もほとんど持っていない状況である。プロジェクトの運営では、仕様検討会議などでPMの判断が要求され、業務知識を必要とする場面が多々発生する。そこでの判断が遅れると進捗やコストへの影響が出るおそれがあった。

今後のプロジェクトを円滑に進めるに当たって、一番適切と思う施策は何か、次の中から最も適切な解答案を1つ選択しなさい。

- **A** 業務知識が豊富な業務リーダーをPM補佐として任命しプロジェクトを推進
- **B** 定期的に勉強会を実施し、業務知識を修得しながらプロジェクトを推進
- **C** 有識者から業務知識を早急に吸収
- **D** PMには業務知識は不要であり、業務知識が必要な場面はできる人をアサイン

業務知識はPMの必須条件？

解答 その3

Ⓐ 必須ですが、補完の仕方を考えましょう

組織は、あなたに何を期待してPMに任命したのでしょうか？もちろん「プロジェクトを成功裏に進めてほしい」ということですが、あなたのマネジメント力を買ったからにほかなりません。プロジェクトにおけるマネジメントとは「さまざまな課題を克服してなんとかやりくりする」一面もありますので、判断に必要な業務知識を緊急に補う手立てをどうとるかを考えれば、PMは務まります。日々判断が必要なプロジェクトでは、当面、業務知識が豊富な業務リーダーをPMの補佐として任命し、助言を引き出しながら対応していくのが有効です。しかし、時間を見つけては定期的に業務の勉強会を開催したり、自己学習することも忘れずに行います。

Ⓑの定期的な勉強会は即時の効果は出にくいためNG。Ⓒの有識者から業務知識を早急に吸収は勉強会と同じで即時の効果という観点でNG。Ⓓの選択肢は「PMには業務知識は不要」という考え方が間違っています。PMといえど業務知識をつけることで設計や試験作業の進め方を俯瞰することが可能となり、決して業務知識は不要ではありません。

難易度 ★

問題 その4 突然の退職

あなたは、複数チームをマネジメントするPMであり一般社員である。ラインマネジャー(上司)も多忙をきわめていることから、チーム要員構成の計画・調整の権限は一手に任されていた。そんなある日…システム基盤保守チームのチームリーダーから、「家庭事情で急遽数日以内に退職したい」との相談を受けた。事情を聞いてみると、本人としては仕事を継続したいが最低1か月程度は職場を離れて対応せざるを得ず、場合によっては長期化することを懸念し退職を申し出てきたものである。このチームリーダーはお客様からの信頼も厚く、近々、重要な本番用マシンの作業イベントも予定されており、突然の離脱は影響が大きいことは明白であった。しかも、あまりに突然のことであり、チームリーダー交代要員はすぐには調整できそうもない中で、善後策を検討する必要があった。

PMとしてまずどのような行動を起こすべきか、次の中から最も適切な解答案を1つ選択しなさい。

A お客様に相談し重要システムイベントの変更ができないかを調整する

B サブリーダーに事情を説明し、リーダーに格上げして早急に要員交代を実現させる

C 状況をラインマネジャーに報告し、善後策を相談する

D 本人とその家族を交えて話し合う場を設定し、退職の意思を翻意させるように働きかける

一般社員でできること

解答 その4

Ⓒ 幹部でないとできないこともあります

PMはかなりの権限を与えられているとはいえ、PMが一般社員であった場合は、組織のラインマネジャーとの立場の相違を意識した行動を取る必要があると考えます。この問題の場合、プロジェクトメンバーのプロジェクトに関わる調整事項はPMが実施すべきですが、人事上の問題は、まずその担当者の幹部であるラインマネジャーにエスカレーションすることが原則です。ラインマネジャーの立場であれば、このシステムの保守経験者から、交代要員の候補を複数指名して、当初の1か月間はローテーションで対応を行わせながら、家庭環境改善の可能性を見極める…などの対策や、Ⓑのようにサブリーダーを格上げするなどの対策を取ることは可能と考えます。

Ⓐは問題の期間が不定のためにお客様調整は難しくと考えますのでNG。Ⓓはチームリーダーの退職の意思を翻意させるためには根本原因の除去が必要ですが、部外者がとれるアクションには限界があることと、個人のプライバシーへの介入となる可能性があるため、実施するとしてもラインマネジャーにゆだね慎重な対応を行いましょう。

難易度 ★

問題その5 小規模要員のマネジメント

ある短納期プロジェクトがあった。あなたは急遽体制を整え、ビジネスパートナーから6名の要員を準委任契約でアサインし、2か月間の製造工程に入り中盤を迎えた。しかし、いくつかのプログラムの手戻りが発生し工程完了の見込みがなくなってしまい、後続工程の見直しも必要となるような厳しい局面を迎えた。その原因は、製造工程でいざプログラムを製作しようとする段階で、機能漏れや未解決技術課題が多発したためである。設計書の該当部分を確認すると、曖昧な表現があること、レビュー結果が十分反映されていないこと、などが判明した。また、この問題は特定メンバーに偏って発生していることも分かった。あなたはこのプロジェクトでどのような要員体制上の配慮をすべきであったか、次の中から最も適切な解答案を1つ選択しなさい。

Select

A メンバーのスキルを事前に把握し、スキル不足のメンバーをフォローするマネジメント

B メンバーのスキルを事前に把握し、スキルの低い要員は即交代させるマネジメント

C 高スキル者を集めて専門チームを作り、機能/技術課題に横断的に対応するような体制

D 高スキル者を集めて専任レビューチームを作り、横断的に対応するような体制

人のアサインは希望どおりできますか？

解答 その5

Ⓐ 希望どおりの体制構築は難しいです

この問題のように急遽立ち上げるプロジェクトは、希望スキルを持った開発要員がうまく集まらず、体制が不十分なままスタートせざるを得ないケースが多々あります。また小規模チームでは、要員の交替や品質専任チームの編成も簡単にはいきません。

では、小規模プロジェクトでこの問題のような人的資源リスクを抱えている場合、納期・品質・コストをどのように確保していったらよいのでしょうか？

開発要員もステークホルダーとして事前にスキル情報を把握して工夫する必要があります。今回のケースでは人的資源・時間制約の下、適材適所はもちろん、低スキル要員に対してはフォロー者を体制上明確にし、実際にフォローする人に動機付けをきちんと実施するなどの体制上の工夫をして、リスクを軽減すべきでした。

Ⓑのスキルの低い人を交代させるマネジメントは交代者が高スキルとは限りませんのでNG。ⒸやⒹのような横断的な専任チーム作成は、中・大規模プロジェクトでの正解であり、効果はもっとあがります。

難易度 ★

問題その6 未契約の作業依頼

あなたは24時間365日稼動しているインターネットプロバイダーのシステムの保守を担当しているプロジェクトのPMである。ところが、お客様予算の関係からお客様とのSEサポート契約は平日日中帯のみ実施し、ハードは24時間365日実施との契約で保守を実施している状況である。

ある休日に運用系のハード障害でシステムダウンが発生した。待機系に自動的に切り替え、業務は正常に運転を継続できたが、故障ハードを交換する際にお客様の作業ミスで、運用系、待機系の両系ともシステムダウンが発生し、復旧できない状況となった。そこでお客様からあなたの携帯電話に緊急出動依頼がきた。早急にシステムを復旧させないとお客様の機会損失となり、影響が大きいことは明白だった。

このような状況で、PMとしてどのような対応をすべきか、次の中から最も適切な解答案を1つ選択しなさい。

- **A** 担当者を出勤させ、リカバリーを実施
- **B** 電話でリカバリー手順の相談に対応
- **C** 平日に対応を実施
- **D** 費用交渉を実施後、即時対応

契約外でも出動が必要ですか？

解答 その6

Ⓐ 業務影響による判断が必要です

予算の制約がある中で、契約内容と現状とのギャップをどのように調整し解決するかを考える問題です。本来は24時間365日のサポートが必要なのにも関わらず、お客様予算の都合で平日日中帯などの契約となっている事例はしばしばあるようです。しかし、いざ本番システムに関わるクリティカルなトラブル発生時は契約内容に関わらず、緊急の出動要請が発生します。

このようなときに、サポート契約がないからといって対応を怠ると、お客様との信頼関係を損ねるといったお金では計れない損害を受ける可能性もあるため、PMとしては慎重な判断が必要となってきます。

このケースでは業務影響が非常に大きいため、まずリカバリーを優先させることで、未契約ではあっても作業を実施し、実施にかかった費用を後日交渉する対応をとることが正しいと思われます。また、今回のようなケースでは今のサポート契約では対処できない旨をお客様に相談し、適切なサポート契約の見直しを提案します。Ⓑは現場でないとトラブルの現状やリカバリー策を正確に見極めることが困難でありNG。Ⓒの平日に対応はお客様の業務影響が大きいためNG。Ⓓの費用交渉はトラブルの最中ではなく、事後に実施してサポート契約の見直しにつなげたほうが良いのでNGとなります。

難易度 ★★

問題その7 ルールを守らない要員

あなたは、システム開発プロジェクトのPMを担当しているが、現在の開発体制について、頭の痛い問題を抱えている。開発部門の担当者に、あなたよりベテランであなたの会社の他部門から派遣されているプログラム開発者がいる。彼は、プログラム開発は超一流で、3倍以上の生産性で品質の良い業務アプリを開発する。ただ、その反面、自分の成果物に対するレビューは自己レビューで十分であり、他者のレビューを受ける必要はないとして、レビューを受けようとはしない。あなたが都度指摘をすると、次回は改善しますと答えるが改善されていない。また、若手に対する面倒見もよく影響力があり、プロジェクトルールを軽視する姿勢が若手の中に見え隠れするようになってきていると感じている。

そのような中で、彼が担当するプログラムで問題が発生し、結合試験に影響がでた。それでも、彼は「おれも、たまには、やってしまうな」と反省の色もみせていない。

さてルールを順守させるために、PMとしてどうするか、次の中から最も適切な解答案を1つ選択しなさい。

Select

- **A** 若手メンバーへの牽制を考慮し、メンバーの前で問題発生を強く注意する
- **B** ルール順守できない場合はプロジェクトから外す
- **C** 本人の所属長より、ルール順守を注意してもらう
- **D** これまで同様、本人に粘り強くルール順守を指導する

ときには厳しい判断も必要？

解答 その7

Ⓑ 毅然とした態度で臨みましょう

この問題のように、プログラムの腕や技術力は一流ですが、その行動や考え方にクセがある人の存在は、どのプロジェクトでも少なからずいると思います。このような人はPMにとって強い味方になることもありますが、プロジェクトの和を乱したりPMの方針に従わなかったりして、頭の痛い存在になることもしばしばあります。いくらベテランで高生産性高技術力であってもプロジェクトのルールは守る必要があり、ましてや、問題を発生させてプロジェクトに影響を与えるような状況は改善が必要ですので、PMとしては馴れ合いの態度で望むのではなく毅然とした態度で臨むべきです。

今回の問題のケースでは、何度も指摘したが改善していない点から、プロジェクトから外すことを視野にした最終勧告をして、改心させることが最もよいとWGでは考えました。

Ⓐの若手メンバーへの牽制を考慮し、メンバーの前で問題発生を強く注意する選択肢は、プロジェクトメンバーへの牽制としてはある程度有効ですが、プライドの高い担当の場合、公衆の面前で叱ることは本人が余計硬化して問題が解決しない可能性が大です。また、この選択肢では叱る内容として、問題を起こしたこととなっていますが、叱り方はプロジェクトルールを守らないことに主眼を置くべきですのでNG。Ⓒの所属長からの注意の選択肢は、勤怠が悪い場合などは所属長から注意してもらいますが、プロジェクト運営に関することは基本的にPMが対処すべきなのでNG。Ⓓの更なる指導の選択肢は、今まで何度も注意していますので、同じことの繰り返しとなり効果が望めません。

あまりに正解が分かりやすくなるのでこの問題の選択肢とはしませんでしたが、PMらしい広い視野を持ってこのスキル保有者の立場を変えて、プロジェクト内で活かすことを考えるというやり方もあるのではないでしょうか。この人はスキルが高く、若手の面倒見も良いということなので、一人の開発者という独走しやすい立場にするよりは、たとえばレビュアーであったり、プロトタイプ開発であったり、プロジェクトの開発規約作成と普及/指導であったりというような活かし方を検討してみることもPMとしてはあるべき姿とWGでは考えました。

PM川柳

名幹部
識ってる人を
知っている

事情通

チーム編成をするときはいわゆる“人集め”が重要な仕事になります。具体的にはかなり厄介な仕事になりますが、幹部社員や管理者、あるいは役員クラスとなると、より幅広く人材を知っているものです。たとえば組織がPMを任命したりプロジェクトメンバー、専門家をアサインしたりする場面で、その道の達人(識ってる人)をあれこれ選択肢にかけますが、その幅が広いほど選定を上手に行うことができます。これ、名伯楽ならぬ名幹部といえるでしょう。普段からさまざまなコミュニケーションを通して人脈を充実させていきたいものです。

第4章

人に伝えることは、難しいと認識しましょう
（コミュニケーションの問題）

コミュニケーションの問題

人に伝えることは、難しいと認識しましょう

人は話すことを通じてお互いを理解し合うものです。口頭やメール伝達などでの一方通行ではなく、紙面や対面による双方向による意思疎通を通じて、相手に意図を正しく伝達する必要があります。

また自分の都合だけでなく、相手の立場でものを考えて、相手を説得するのではなく、納得してもらうような説明を心掛けることも重要です。お客様・ビジネスパートナーを含めてオープンに情報共有できる環境作りにつとめて、プロジェクトを運営しましょう。

難易度 ★

問題 その1　お客様との課題認識齟齬

あるお客様からシステムの再構築商談を受注し、あなたはそのプロジェクトのPMを担当することになった。お客様側にも全体を統括するリーダーの田中課長がいて、週1回のペースで定例会を開催し、進捗報告、課題状況確認を中心にコミュニケーションをとってきた。
基本設計工程は若干ではあるものの、重要なお客様課題が残ったため、仕様確定期限を合意して詳細設計工程へと進んだ。お客様残課題は定例会の場にて田中課長に確認したが、なかなか回答を得られることができず、仕様確定期限が迫ってきた。
あなたは、田中課長に対して書面にて回答依頼と、期限を超えた場合の重大な影響を提示したが、真剣に取り合う気配が見られなかった。小さな問題としか考えない田中課長に対して、あなたは不安を感じ出していた。この状態を打開するために効果的と考えられる行動は何か、次の中から最も適切な解答案を1つ選択しなさい。

Select

- **A** 田中課長の上司を含めた会議体を設定する
- **B** 仕様確定後の変更は後に仕様変更で対応する
- **C** 営業経由で再度田中課長に書面を提示する
- **D** 詳細設計工程をいったん止めて、田中課長に再度対応を依頼する

お客様の問題とは言いながら…

解答 その1

Ⓐ 組織を有効に活用していきましょう

PMはプロジェクトを成功させることがミッションであり、お客様といえども何度依頼しても解決の目処が立たないのであれば、プロジェクト成功のためになんらかの行動を起こす必要があります。この問題のように何度直接申し入れても改善いただけないのであれば、直接その人との会話を継続しても解決に時間がかかります。このような場合は、お客様の上司を巻き込んで話を進めることが効果的手法となります。

しかし、問題が発生してからのこのようなやり方は、お客様と感情的なしこりになる可能性もありますので、ある程度の中大規模プロジェクトでは、計画段階で上位のステークホルダーが出席し、定期的に問題を話し合うステアリングコミッティを設定して、問題を上げていくことが、現場で解決できない課題が発生したときの対策となります。

Ⓑの仕様変更での対応は問題に対する根本解決になっていないためNG。Ⓒの営業経由は営業が言うべき話ではないことと、田中課長への対応となるためNG。Ⓓは田中課長との対応の繰り返しとなるので、効果的な行動とはいえません。

難易度 ★★

問題その2 目の前で仕事せよ

あなたがPMを担当しているプロジェクトにおいては、品川にあるあなたの会社の開発拠点での結合試験と、横浜にあるお客様先での受け入れ試験とを並行して進行中であるが、お客様受け入れ試験で障害が多発し、試験が延伸することで品質の確保が本番稼動日までにできる見込みが立たず、本番稼動時期を延伸することとなってしまった。3か月の延伸が決まったが、現在の問題点としては開発側とお客様の仕様の齟齬が多発している状況である。

お客様はあなたのプロジェクト運営に不信感を持ち、今後の進め方として、現在は開発会社の開発拠点で行っている結合試験作業を、お客様先にて実施するよう要望されている。

PMとして、このお客様の要求に対してどうすべきか、次の中から最も適切な解答案を1つ選択しなさい。

Select

- **A** お客様に、開発拠点に来ていただけないか打診する
- **B** 最低限の人数のSEをお客様先に常駐させ、変更管理の運用は順守していただくよう申し入れる
- **C** 会議日程を決め、共同で課題棚卸しをする方法を提案する
- **D** 要求のとおり、お客様先で作業する

お客様の不信感にどう応えますか？

解答 その2

Ⓑ お客様の指摘をまず受け止めましょう

この問題のようなケースでは、一般的に開発側だけに問題の原因があることは少なく、プロジェクト全体になにかしらの問題があることが多い状況です。しかし、お客様から見ると、開発側に大きな問題があると見えやすく、お客様から不信感を持たれている状態です。したがって、持ち帰りの仕事内容に不信感を持ち「目の前で仕事をしないと信用できない」といった指摘になっている節もあり、PMとしては、まずお客様が指摘している内容を理解することが第一です。今回の場合、仕様面の齟齬に対して早急に対応することが求められており、PM、仕様統括者が常駐するなどの対応を行う中で信用を取り戻していくことが望ましいとWGでは判断しました。

Ⓐは、お客様にビジネスパートナーの開発拠点に来ていただくことは契約上、問題が出るおそれがありNG。問題が軽微で早い段階での対処ならⒸの方法もありますが、その方法で解決できるような状態ならば、本番延期までにはなっていないといえます。Ⓓの方法は稼働に向けて時間のない中で、引越しなどの余分な作業を増やす選択であり、できれば避けたい選択です。

難易度 ★

問題その3 効果的な情報共有

あなたがPMをしている総勢20人ほどで構成される某プロジェクトでは、メールを主な情報共有の手段として使用しており、重要事項もすべてメールで同報される文化ができあがっていた。現在は製造工程であるが、6か月後にサービス開始を予定している。このプロジェクトは、お客様からの仕様追加により開発量が開発途中で増大したことで、急遽人員増を図っている最中である。しかし、増員メンバーは過去のメールを見ることができないこともあり、送られてくるメールの重要度が分からずコミュニケーションロスによる仕様取り込み漏れなどのトラブルが出はじめた。
なんとかトラブル回避の打開策を見つけたいが、PMとしてどのような対応をとるべきか、次の中から最も適切な解答案を1つ選択しなさい。

Select

A 新規要員には最新の開発ドキュメントを渡し、読ませる

B 既存要員に過去の重要内容のメールを新規要員に再送させる

C 担当サブリーダーから過去の重要情報を伝えさせる

D 急遽グループウェアの検討・導入を指示する

適切なコミュニケーション手段は？

解答 その3

Ⓒ 確実なのは双方向での伝達

そもそも20人くらいの中規模プロジェクトでは、メールでの情報伝達のみとはせず、プロジェクト開始当初から、自前でコミュニケーションサイトを立ち上げたり、グループウェアのようなツールを導入し、過去情報がいつでも簡単に参照できる方法とすべきでした。

しかし、この問題ではすでにメール文化が浸透してしまっているプロジェクトに途中から参画してくるメンバーをどううまく導入するかを問う問題です。時間があれば本質的改善を打ちたいところですが、今回のケースでは残りのプロジェクト期間が短いため、確実に伝えるためにも、双方向の伝達手段を選択します。具体的には担当サブリーダーに過去の重要情報を整理させ、新規参入者に参画時に直接伝達させる方法が良いと判断しました。

🅐のように、最新の開発ドキュメントを渡す方法や、🅑のように、メールの再送指示では、一方的な情報伝達となり新規参入者に重要事項は伝わりにくく、漏れが出ることがあります。🅓のように途中でグループウェアを急遽導入しても過去情報は見られず効果が期待できそうにありません。

難易度 ★

問題その4 利用部門の反発

あなたは現行システムのリニューアルプロジェクトのPMを任されていた。設計工程～製造工程は順調に推移し、現在は結合試験を実施中である。各工程完了時点では、お客様情報システム部門の承認を経て進めてきた。ところが、スケジュールに従い、結合試験と並行して利用部門向けに操作教育を実施したところ、次から次へと画面の操作性の面でクレームがあがってくるようになった。その内容は、使い方が現行システムと違いよく分からない、操作しづらい、といったものが大半な状況であった。
操作方法については設計工程ですでに承認済であり、情報システム部門も当惑している状況である。この事態をあなたはどう評価し対処すべきか、次の中から最も適切な解答案を1つ選択しなさい。

Select

A プロジェクトはそのまま推進し、クレームは仕様変更案件として対応する

B クレームに極力対応すべきであり、リスク費用の中で対応する

C 情報システム部門と対策費用を含め今後の善後策を協議する

D お客様組織内で利用部門の説得などを行い解決していただく

お客様組織内の問題解決には？

解答 その4

Ⓒ プロジェクト目的を明確にして推進

プロジェクトゴール（目標）をお客様組織内で共有できていないままプロジェクトを進めてしまうと、利用者部門、情報システム部門、事業部門、経営者など、複数のステークホルダー間の認識相違から、業務要件定義、システム化要件定義が発散してしまい、プロジェクト推進がダッチロールしてしまうケースがあります。キックオフでは、プロジェクト目標とこれに対する制約事項や前提条件（納期や予算など）について、メンバー間で共通認識をとることが重要です。特に利用部門からは、利用者としての作業効率化や、現行システム機能継続視点での要望が多発しがちであり、開発ベンダーとしては利用部門を主導できるキーマンをおさえて、そのキーマンとの連携を密にすることで、プロジェクトコントロールを行うことが重要です。

今回のケースでは、責任の大半は情報システム部門にありそうですが、紋切り型の対応ではなく善後策を協議していくのが妥当と考えられます。

Ⓐの仕様変更案件として対応は、次から次とあがってくるクレームの全てに対応していてはQCDに影響を与えるためNG。Ⓑのリスク費用で対応は今回のように責任の多くがお客様にある場合、安易に取る対応策ではありません。Ⓓのお客様組織内で解決依頼はお客様に対して技術支援は必要なためNGとなります。

難易度 ★★★

問題その5 性能問題発覚

あなたがPMを担当しているプロジェクトは、オープンプラットフォームで構成されており、ハードウェア老朽化に伴う更改プロジェクトである。非互換については要件定義工程にて検討し、OSやミドルウェアについてのインターフェースに軽微な非互換があるが、アプリケーションインターフェースの単純な修正のみで対処可能であり、業務ロジックへの変更はないと信頼がおけるメンバーから報告を受けていた。このことから、ハード性能が大幅に向上したこともあり、性能については問題なしと判断し、社内のプロジェクト監査会などでも承認を受けていた。

ところが、結合試験の段階で本番相当のデータを流したところ、既存処理の性能も達成できないという大問題が発覚し、アプリケーション方式の大幅な改修が必要となった。この問題を事前に回避するために、PMとして考えておかなければならなかった最も有効な手段は何か、次の中から最も適切な解答案を1つ選択しなさい。

Select

A メンバーからの報告を鵜呑みにせず、有識者の意見や同様事例の情報収集をしてから判断すべきであった

B 非互換に伴うインターフェース部分の設計レビューを十分実施しておくべきであった

C 性能の確認試験を各工程に組み込んでおくべきであった

D 結合試験リスクとして回避方法を検討しておくべきであった

性能検証の基本は？

解答 その5

Ⓒ 段階的検証が基本です

ハードウェア更改商談のみにかかわらず、システム開発において性能品質の確保はどのプロジェクトでも重要な課題で、かつ実際のデータ量で試験を開始する下流工程で発覚しやすい問題です。今回の問題はハードウェア更改のみで、かつハードウェア性能は大幅にアップしているという先入観から、性能に対する問題を軽視したことが致命傷になったと考えられます。
性能に関しては、性能の検証モデルを策定し、以下を各工程に配分して、段階を踏んで検証を積み上げていくことが基本となります。

- 机上検証
- 基礎性能測定（新しい技術や方式などの実測）
- 単体性能測定（アプリの単体実機検証）
- 複合性能測定（商用を意識した測定）
- 過負荷性能測定（設計上の最大負荷測定）

軽微な修正であっても、特にインターフェース部分の修正は、性能に対する影響は見極めにくく、PMは設計段階から慎重に取り組むべきです。設計レビューなどももちろん大事ですが、やはり性能は実測での積み上げが基本であり、段階的な検証を行うことが有効で、確実な性能保証につなげます。

難易度 ★★

問題 その6 進捗会議運営

あなたがPMのある大規模プロジェクトでは、製造工程終盤であり次工程開始まで1か月を切っている状況である。問題も山積みで各リーダーが出席する毎週の進捗会議は、PMO、業務、基盤、運用、移行、品質のカテゴリで多くの課題があり、会議時間は毎回少なくても3H以上全員が拘束される状況である。あるリーダーから、「自分の週次報告も終わったし時間がもったいないので作業に戻りたい」、と発言があった。その場は参加継続で収めたが、ほかのリーダーも口には出さないが同様な気持ちは持っていると推測された。
PMとして会議運営のやり方に危機感を覚えている。今後どのような対応をしたらよいか、次の中から最も適切な解答案を1つ選択しなさい。

Select

- **A** リーダーのわがままと判断し、統制重視で従来のやり方を継続する
- **B** 各リーダーの作業を優先し、リーダー単位の個別会議に切り換える
- **C** 会議時間を1.5H厳守とし、共通テーマを優先的に報告させ、議論する
- **D** 各リーダーの報告・議論の持ち時間を平等に15分とし、全体時間の短縮を図る

進捗会議は無駄ですか？

解答 その6

Ⓒ 合意形成などで大切な会議です

毎週の進捗会議はチェックする立場のPMにとっても、報告する開発チームにとっても重要な会議です。PMの立場からは定期的な報告内容から変化を察知し問題点を摘出し対策案を指示、またはメンバーへの周知といった役割があります。報告する開発チームも、PMへの報告だけではなく他チームの状況を理解したり、他チームとの調整を実施する場でもあります。これらを議論する大切な会議をいかに効果的・効率的に運用するかが問題です。

プロジェクトが大規模になるにつれ、時間もかかるので工夫が必要です。このケースでは、会議時間を1.5時間程度にして、メンバーの予定を立てやすくするとともに、会議の場では共通テーマを優先した運用が有効です。議論が個別テーマに発散しそうになったら、PMは必要に応じて個別会議を併用することで対応します。

Ⓐの従来どおりのやり方は非効率であるのでNG。Ⓑの個別会議は進捗会議の目的の一つであるグループ間の情報共有ができないためNG。Ⓓは一見同じような解答ですが、考え方が違います。会議を時間で区切るのではなく、何を話し合う場かを明確にメンバーに伝えることが大切です。

難易度 ★

問題その7 マルチベンダー開発

あなたはあるお客様と長いつきあいをしているPMであり、お客様の信頼を得ている。そのお客様がマルチベンダーで情報システムを更改することとなり、あなたは一番大きなサブシステム担当のPMとして参画している。設計を開始し、別の連携するシステムを受託した他ベンダーと、お客様を含めてインターフェース調整を行うことになった。ところが、他ベンダーは、仕様とは異なるインターフェース案を突然出してきたり、回答期日なども守らない、といった困った状況になった。お客様からは、あなたになんとか調整してうまくやってほしい、と懇願されてしまった。
PMとしては、この状況でまずはどのような行動を起こすべきか、次の中から最も適切な解答案を1つ選択しなさい。

Select

A 営業対応事項とし、営業にて顧客説明や他ベンダー調整を依頼する

B 顧客満足度を考え、できるだけあなたで対応する

C お客様に依頼し、他ベンダーと責任分担を明確にし直す

D 他ベンダーと直接協議して、責任分担を決め直す

どこまで調整に乗り出すべきでしょう？

解答 その7 Ⓒ

本来は誰の仕事か見極めましょう

昨今はベンダー間の競争によりコスト削減を目的としてマルチベンダーのプロジェクトが多くなってきています。マルチベンダーのプロジェクトでは、ベンダー間の利害関係が絡む調整事項が増え、シングルベンダーでは必要性が薄かった、一般的にSIer※といわれる全体をまとめる役割が絶対に必要となります。SIerをになったところはプロジェクト全体を見渡しながら、全体最適を考えたマスタスケジュールにもとづき進捗管理や課題管理を実施します。この役割をになうところは高度なスキルが必要となり、作業工数も決して小さなものではありません。また、実際のプロジェクトでの調整は利害関係が絡んで複雑怪奇となることが多くあります。しかし、その役割を明示せずにプロジェクト体制を構築し、一番大きな作業範囲を持つ企業に実質的にこの役割をさせているような事例が多くあります。

このケースのように他ベンダーのマネジメント力が弱いような場合、つきあいが長いベンダーに調整を期待するお客様の気持ちも分かります。しかし、ビジネスですから、いい加減な状態では決してよくなく、直接他ベンダーの支援をするわけにもいきません。このケースでは別システム間の調整事項は発注元であるお客様の分担であることは明白ですので、対応方針としてはお客様に責任範囲を説明し、お客様経由で他ベンダーに活を入れていただくことが正しい行動といえます。

Ⓐの営業対応事項とするは、この問題は営業に無関係であるためNG。Ⓑのあなたが対応は何かあったときにあなたの問題として責任を追及させるおそれがありNG。Ⓓの直接他ベンダーと調整することは、契約の関係を無視した行動となりますのでNGとなります。

※SIer　システムインテグレーター（System Integrator）に「〜する人」といった意味のerをつけた造語。個別のサブシステムを集めて1つにまとめ上げ、それぞれの機能が正しく働くように完成させる「システムインテグレーション」を行う企業を意味することが多く、IT業界では一般的に使われている言葉である。

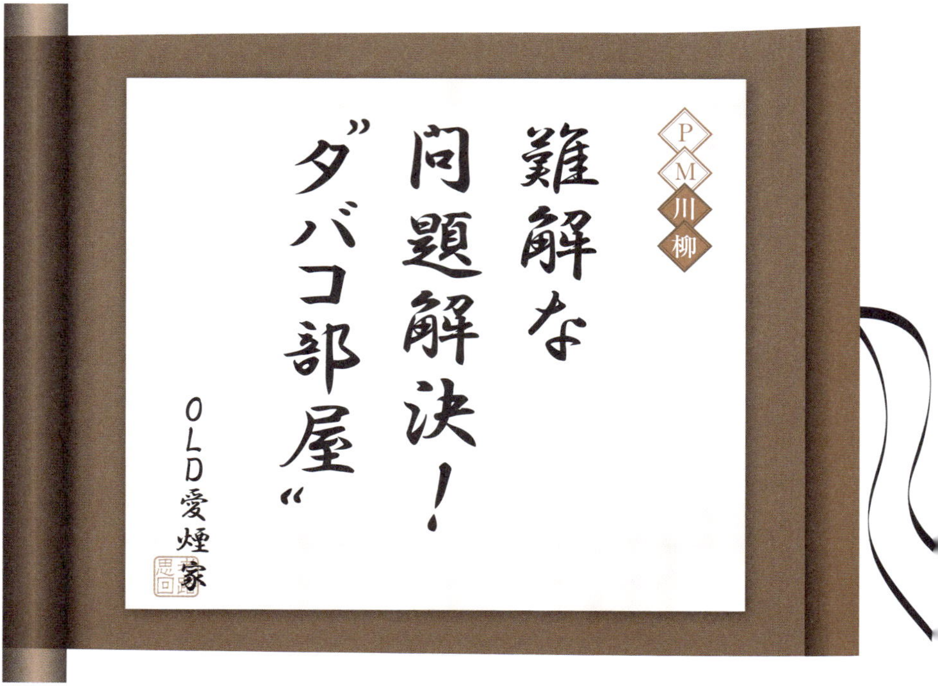

PM川柳
難解な
問題解決！
”タバコ部屋“
OLD愛煙家

プロジェクトルームでは、進捗会議や課題検討会議を開催し、問題の解決に取り組むシーンが多々ありますが、なかなか良いアイデアが生まれないことも多いですね。最近はあまりありませんが、プロジェクトルームの近くに喫煙ルームがあったものです。そこでタバコでも吸いながらリラックスして情報収集したり発言したりしていると、問題解決のためのアイデアが生まれるケースが多々あります。

※特に喫煙を推奨しているものではありません。要はリラックスして会話/議論できるリフレッシュルームや非公式な場所などを提供することは、プロジェクトの活性化の工夫の一つです。

第5章

トラブルは消火ではなく防火するもの

（リスクの問題）

リスクの問題

トラブルは消火ではなく防火するもの

かつては、火を噴いた問題プロジェクトのリカバリーを担当する「火消し」PMが花形ともてはやされた時代がありました。確かに、「消火」にはスキルやパワーが必要であり、誰にでも対応できることではありません。しかし、プロジェクト成功のためには火事にしないことが重要です。したがって、プロジェクトが火を噴かないように、リスクを未然に摘み取る「防火」につとめるPMこそが賞賛されるべきではないでしょうか。

ただし、そうはいっても、プロジェクトはさまざまな要素が絡み合っているため、完璧に防火が成功するとは限りません。リスクが顕在化した際に被害を最小限に抑える活動も必要になります。

難易度 ★★

問題 その1 予備費は誰のもの？

あなたは一括請負のシステム開発プロジェクトのPMを担当している。
このプロジェクトは前回の更改で品質問題を起こし、お客様からは品質優先と厳命されている。また、プロジェクト損益上、組織ルールで不測の事態に備えて開発原価の約5％の予備費を計上している。
結合試験工程の中盤にきて、お客様の受け入れ検証を2か月後に控えたときに請負開発で参入しているビジネスパートナーへの仕様提示ミスで、品質に問題があることが判明した。あなたの判断では、受け入れ検証までに品質を確保するためには追加要員3名で1.5か月の強化テストが必要であった。期限が迫っているため、予備費にて強化テストを実施しようとしたところ、部門損益を管理している上司より今期の部門目標が厳しいので、予備費を使わないでなんとかするように要請された。さて、PMとしてどうするか、次の中から最も適切な解答案を1つ選択しなさい。

Select

- **A** 請負契約なのでビジネスパートナー費用での対策を依頼する
- **B** 現行メンバーで品質強化し、お客様の受け入れ検証後、段階的に提供する
- **C** 予備費はPM裁量と上司に進言し調整する
- **D** 部門承認会を開催し、予備費使用の承認を得る

予備費の用途と管理元を認識する必要あり！

解答 その1 D

マネジメント予備費は組織承認が必要

プロジェクトは予定どおりに進むことは少なく、予算には予備費が必要になります。この問題は、プロジェクトで確保する予備費にどのような種類があり、だれの権限で使用できるかという問題となります。予備費は特定されたリスクごとに予備費として見積りコストベースラインに組み入れるコンティンジェンシー予備費と未知のリスクに備えるマネジメント予備費に分かれます。前者はPMの裁量で使用でき、後者は上層部の承認が必要となります。今回のように対象のリスクが不確定で不測の事態に備える予備費は、マネジメント予備費であり、組織に承認が必要となり**D**が正解といえます。

Aは、ビジネスパートナーが請負契約であっても我々の依頼ミスを無償で対応させるのはおかしくNG。**B**は、お客様に迷惑をかけ、かつ管理の手間暇などで問題をおこす可能性が高くNG。**C**は、PMの裁量では使えないものなのでNGです。

PMが自由に使える予備費は、リスクごとに対応コストとして見積っておき、懐に持っておくことが必要で、予備費の性格を正しく理解しておくことがPMとしては必須のノウハウです。

難易度 ★

問題その2 他社の要件定義

あなたの会社はあるお客様に食い込めておらず、食い込むチャンスをうかがっていた。そのお客様は基幹システムを長期にわたり、あなたのライバル会社に業務の開発から運用までを任せている状況であった。システム更改時期に当たり、お客様はシステム更改のRFPを数社に出し、フラットに提案力で評価するとのこと。あなたの会社は、営業とあなたの活躍で次期システム構築商談を全面的に受託することに成功した。

次期システム開発の計画では、要件定義工程はお客様主体で進め、あるコンサルタント会社が受託し、あなたの会社は基本設計工程以降を受託する計画である。

このような状況でPMとして留意すべきことは何か、次の中から最も適切な解答案を1つ選択しなさい。

Select

- **A** 要件定義の妥当性検証
- **B** 現行システムを開発した従来ベンダーを、お客様配下として体制へ組み込み
- **C** お客様の支援体制の明確化
- **D** 現行システム設計書などの、ドキュメント品質確認

他社の仕事の引継ぎは重大なリスクです

解答 その2

Ⓐ

要件定義結果の検証が必須です

要件定義と設計製造が別会社で実施する形態のプロジェクトは、非常に難しいプロジェクトとなります。要件定義が不足している状態で設計を起こすと矛盾が頻発し、設計が収束せずに大変な状況に陥る事例が多数ありますので、お客様承認済みの状況であっても、他社の作業内容をきちんと検証してからでないと、その後の工程に着手すべきではありません。

Ⓑの現行ベンダーの組み込みは、効果は多少ありますが、現行ベンダーからしてみると、リプレースされていることから心情的に積極的な応援は期待できず、いざというときに頼りにはなりません。Ⓒも重要ではありますが、要件定義の不整合の方がはるかに影響は大きいです。Ⓓは現行設計書の整合性は期待しない計画を立てる方が無難です。往々にして長期にわたって一社が見てきたプロジェクトは、設計書への反映を正確に実施していないことが多いため、現行仕様は現在動作している実物と考えた方がうまくいきます。現行とは何かということをきちんと各工程でドキュメント化し、お客様の承認を取って次工程に進んでいきましょう。

難易度 ★★

問題その3 他社開発範囲の受託

ある日、お客様から制度改正対応の相談を受けました。その内容は、あなたの会社が構築したシステムだけでなく、連携する他社が構築したシステムも改修をしてほしいという要求であり、社内稟議のために早急に見積りを出すようにとのことです。

この他社システムを構築した会社の担当者は退職しており、その会社にはノウハウはなく、お客様とは現在契約していないとのこと。またシステム設計書もなく詳細まで仕様を理解しているお客様はいない状態です。

お客様に設計書を作っていただくことや、規模も小さいので再構築を打診しましたが、「修正だから」や「お金がない」との理由で断られました。

あなたは上司にも相談しましたが、当社にとって大事な顧客のため、断わるのは難しいと結論が出ました。どのようなリスク対策が最も有効か、次の中から最も適切な解答案を1つ選択しなさい。

Select

- **A** 調査工程を設け、実施完了後に見積る
- **B** 予備費を多く確保し、契約する
- **C** 受託条件書で責任範囲を細かく合意する
- **D** 準委任で契約する

契約してからでは遅いんです！

解答 その3

Ⓐ 契約前にしっかりと確認しましょう

お客様からどんなに急がされようが、重大なリスクは契約前に排除しておかないと、結局はお客様も受託者側も苦労することとなります。

ⒷやⒸの受託条件書や予備費での対応は契約する前提であり、実施中に予期できぬことが発生した場合の対策として不十分です。設計規模の増大や現行品質不良による手戻りが発覚しても、契約締結後の場合、増額交渉や契約打ち切りは非常に困難です。結果として無理な計画のまま納期調整もできず失敗する可能性が高いとWGでは考えました。また、Ⓓの準委任契約については、瑕疵担保責任を負いませんが、見積り後の規模増大や品質不良に対するリスク対処にはなりえません。

この問題の場合、見積りを急いでいるお客様に対して、このままプロジェクトを開始することにより発生するリスクを共有し、排除するためには現行調査が最善の策であることをご理解いただく必要があります。この対策により、重大なリスクを排除した状態でプロジェクトを開始することが最終的にプロジェクトを成功に導くと考えました。

見えないリスクは、大小問わず、現行システムや業務を調査し事前に影響範囲を見極めることが重要です。

難易度 ★★

問題 その4 一番風呂

ある商談が成立し、あなたは商談担当マネジャーからPMを引継ぎ早速プロジェクトをスタートさせることになった。開発されたばかりのアプリ基盤製品を提案し、他社との差別化を図り受託したものである。このプロジェクト成功時は他商談への波及効果も大きい戦略製品である。同製品はほかの2プロジェクトへもほぼ同時適用となるが、製品開発担当部門の自信作でマニュアル類もすでに整備されており、いつでも適用可能となっている。
この製品は開発コストを大幅に下げるメリットがあり、プロジェクト採算計画もそれを前提にしている。今後同製品を適用していくに当たって、PMとして体制構築上最も重要な観点はどれか、次の中から最も適切な解答案を1つ選択しなさい。

Select

- Ⓐ 商談担当メンバーをプロジェクトに組み込むよう調整する
- Ⓑ プロジェクト内に技術検証・展開チームを構築する
- Ⓒ ほかの同時適用プロジェクトとの連携体制を構築する
- Ⓓ 製品開発担当部門に支援体制を確立してもらう

「初物」を採用する場合の体制構築上の注意点は？

解答 その4 D

開発元との連携が最優先

適用実績のない新製品を利用する場合は、いくら自信作とはいえプロジェクトのリスクは重大であることを認識すべきです。各選択肢はいずれも考慮すべき観点として重要ですが、まずは製品開発部門に支援体制を構築してもらい、万全な連携関係を確立します。その上で、PM主導で上流工程の早い段階から技術支援を受けられるようにマネジメントします。また、アプリ基盤製品ということで、アプリ基盤担当チーム内に窓口を配置し、技術情報の交換・共有を行います。また、必要に応じてプロジェクト内の技術検証・展開計画（体制、スケジュール）も検討します。いわゆる “初物適用” は、一番風呂といわれ、できるだけ入らないようにするといわれた人も多いかと思います。しかし、技術に挑戦するといった立場ではやらなければならないときも多く、実施するときはリスクヘッジの観点から、製品開発担当部門との連携確立を最優先とし、品質の作りこみ計画を作ってマネジメントしましょう。プロジェクト規模によっては十分な体制がとれない場合もありますが、極力この趣旨に沿った対応を実施することをお勧めします。

難易度 ★

問題その5 全国統一システムの勘所

全国の都道府県にそれぞれ支部を持つお客様から、各支部でバラバラに導入していたシステム機能を共通化・集約する統合システムを受託して要件定義を開始することになった。各支部の現行システムは開発メーカーがそれぞれ異なっている。お客様の情報システム部門は中央システムや各支部に新規配布する共通システムのイメージを作成し、全体のグランドデザインをすでに完成させている。要件の確定のため、各支部への説明や要件についての凍結はこれからトップダウンで実施していこう、という段階である。

今後の要件定義を実施するに当たって、PMとしてはどのようなリスクを最優先に考え作業を計画すべきか、次の中から最も適切な解答案を1つ選択しなさい。

Select

- **A** ネットワーク環境・セキュリティ対策の調整が難航
- **B** 各支部を統合する中央システムの仕様調整が難航
- **C** 各支部が負担する運用コストの調整が難航
- **D** 各支部に配布する共通システムの仕様調整が難航

何のリスクに注目すべきでしょう？

解答 その5

D 利用部門の反発リスクが重要です

各支部が独自にバラバラで構築し、いろいろなベンダーで作成され動いてきたシステムを、全国統合するという難易度の高いシステムの開発事例となります。このようなシステムでは、多くの場合、利用者側が直接のインターフェースを持つ共通システムの仕様調整が一番難航します。現行機能とのFit & Gapの問題、操作性の問題など各支部の利用者からは議論百出の状態で、各支部が総論賛成各論反対となり難航します。また、開発中においても仕様変更が多発しやすく、仕様凍結が遅れることで進捗が予定どおりに進まないリスクがあります。

このようなシステム開発は、開発ベンダーとしてはお客様の組織内調整を直接主導することは困難であり、最終的にはお客様の情報システム部門が自社内の組織全体の合意形成ができるかどうか？といった問題になりますので、IT技術の強みを活かして情報システム部門を技術的に強力にバックアップする役割をになうことで、要件の合意形成に向け進めていきます。

難易度 ★★

問題 その6 待ち状態の解消

担当するお客様が所属する企業グループ内では新システム開発に当たり、親会社主導で開発する共同開発案件（他ベンダー担当）と、各企業個別開発の個社案件とに分けて構築することになった。共同開発部分は企業間共通インターフェース機能が中心で、各社の業務要件確定が必要となる。しかし、共同開発案件開発において親会社側の業務スキル不足により業務要件が確定せず、全体開発計画が遅延している状況である。
あなたは個社案件開発プロジェクトのPMであるが、長年の経験からその仕様は熟知しており、全体を俯瞰できるレベルにある。全体開発計画遅延の影響で、あなたが担当する個社案件開発も前提となる要件が決まらないため着手できず、要員が作業待ちの状態となっている。
PMとしてどのようにスケジュール管理を推進していけば良いか、次の中から最も適切な解答案を1つ選択しなさい。

Select

A 共同開発案件の業務要件の整理を当社主導で行うことを提案し納期確保を図る

B 共同開発案件の業務要件が確定するまで、いったんプロジェクト凍結を行うようお客様に提案する

C 共同開発案件の前提条件を仮置きすることで個社開発案件に着手する

D 個社開発要員を縮小し、当面の間様子を見る

待っているだけで良いのでしょうか？

解答 その6

Ⓐ

全体最適で仕掛けましょう

この問題のケースでは、あなたがPMの作業範囲は個社案件のみであり、全体を調整するべき役割はお客様の状況です。よって、本来はお客様が主導で調整事項を推進するべきとはいえます。しかし、お客様の業務スキル不足とあなたが業務スキルを保持していて、全体を俯瞰できるレベルにあるとの注釈がついています。

PMとしてはどのような考え方で対処が必要となるでしょうか？

この場合、PMの仕事の定義として「プロジェクトを成功に導く」との考え方が必要となります。あまりに自分の役割にこだわりすぎると、自分の範囲をうまくいかせることに目が向きがちですが、このプロジェクトでは個社案件の成功=全体の成功ではありません。もちろん有償での作業が前提とはなりますが、全体最適を考え、あなたのスキルを活かして共通部分の業務要件の整理を提案し、全体の納期確保を図るよう行動することが望ましいとWGでは判断しました。成功の暁には顧客の信頼感を獲得し、将来の開発商談の獲得につながる可能性が出てきます。

ⒷやⒹは凍結期間長期化に伴う待機工数増大リスク、Ⓒは手戻り作業発生リスクを伴うため最善策とはなりません。

難易度 ★★

問題その7 非互換多発

老朽化したハードウェア/ミドルウェアを最新化して、システム利用を継続することを主目的としたマイグレーションプロジェクトがスタートした。プロジェクトの特性としては、以下の2点があげられる。

- ミドルウェア最新化に伴うシステム面、アプリケーションプログラム面の非互換対応がプロジェクトスコープであり、業務要件変更は一切実施しない
- 新規開発プロジェクトと比較して、開発期間は短期間である

しかし、製造工程推進中に、当初計画していたミドルウェア間のバージョンが合わず、次々と芋づる式に導入製品のバージョンの見直しが必要という手戻りが発生してしまった。このような問題が生ずることのないよう、PMのあなたはどう対応すべきであったか。プロジェクト計画時点に立ち戻り、次の中から最も適切な解答案を1つ選択しなさい。

Select

A 設計時に製品間のバージョンの組み合わせを机上検証し、非互換点を洗い出しておくべきだった

B 製造工程前半で、製品間のバージョンの組み合わせを実機検証し、非互換点を洗い出しておくべきだった

C 計画時点からもっと余裕をもった開発スケジュールにしておくべきだった

D バージョンの整合問題は事前に防ぐのが困難なので、問題対応組織を明確にしておくべきだった

非互換検証の留意点は？

解答 その7

A 設計段階から机上検証しましょう

この問題のような、インフラ系のみの移行プロジェクトは、新規開発プロジェクトと比較して一般的に開発期間が短いケースが多い傾向があります。このような中で、製造工程の推進途中で製品のバージョン変更が発生した場合は、設計工程で実施した非互換調査への手戻りにつながり、プロジェクトの本稼動時期に大きな影響を与える可能性があります。また、適用製品の開発遅延による出荷遅れなど、プロジェクトの外部要因から製品バージョンの変更を余儀なくされる場合もあります。

製品バージョンの確定、非互換の対応方針などはプロジェクトの重要な問題となりますので、設計段階で机上検証によりほかへの影響を洗い出して、さらに変動要因をプロジェクト内で共有しリスク管理していくことが必要です。非互換検証は、早め早めの対策をとることが重要です。

Ⓑの実機検証は、製造工程前半では検証する環境がそろわず難しいことが多くNG。Ⓒの余裕を持ったスケジュールは納期ありきのプロジェクトでは難しくNG。Ⓓの事前に防ぐのは困難という内容が誤っているためNGとなります。

難易度 ★★

問題 その8 高リスク商談

あなたの会社は新規市場開拓のため、他社リプレースで業務ノウハウもない戦略商談を受注した。本プロジェクトは、メインフレームからオープンシステムに再構築するものであり、アプリケーションプログラム資産が約2MStepもある大規模システムである。また、著作権については、すべて現行ベンダーに帰属している状況であるため、新システムを構築するあなたの会社に対しては、現行システムの設計書やマニュアルなどのドキュメントやプログラムソースは一切開示できないという制約条件がある。

このような高リスクで制約条件のあるプロジェクトにおいて、PMとして最初に取るべきアプローチで、最も効果的なアクションプランはどれか、次の中から最も適切な解答案を1つ選択しなさい。

Select

A 上流工程や業務ノウハウ保有者を可能な限り体制に組み込み、検討会を立ち上げる

B WGを立ち上げ、お客様から業務や現行システムについてレクチャーを受ける

C 業務ノウハウを公的な情報（参考文献やWeb）から獲得し、新規設計を行う

D お客様に現行ベンダーとの著作権に関する契約変更を申し入れる

業務ノウハウをどう身につけますか？

解答 その8

B

お客様から吸収しましょう

プロジェクトの成功には、プロジェクトチームに「業務を知っていること」「お客様を知っていること」「技術を知っていること」の3つが備わっている必要があります。この問題のケースでは「業務を知っていること」「お客様を知っていること」の2つがクリアできていない状況であり、成功するにはかなりハードルが高い状況となります。

業務ノウハウがないと品質の問題が発生しやすくなります。品質を向上させるためには、適切な試験項目の抽出が必要ですが、試験項目抽出には業務ノウハウが必要だからです。業務ノウハウがない場合、品質確保のために必要な試験項目の抽出ができず、品質の問題が発生しやすくなります。お客様を知らないと、そのプロジェクトに関わるステークホルダーも不明なため、だれに、どのような調整をするのかすら分からず、開発においての重大なリスクとなります。また、お客様の特性を知らないと、プロジェクト推進やレビューなどでの勘所が分からず、当初想定してなかったコストが発生する危険性が高くなります。

さらに、リプレース商談では、現行システムの設計書やマニュアルなどのインプット情報は必要不可欠であり、この問題のように著作権問題で、その情報が簡単に入手（閲覧）できない場合は、いかにお客様からノウハウや情報を引き出せるかがポイントとなります。

これらの阻害要因を解決するには、開発のコアメンバーとお客様（システム部門、利用部門ユーザー）を巻き込んだWGを立ち上げ、必要な情報を直接お客様から効果的に引き出していくアプローチが有効です。

ただし、一般的にお客様は通常業務との兼務でWGメンバーにアサインされている場合が多く、開催頻度や検討会の時間など事前にしっかりと協議し、お客様に通常業務と兼務が可能かを確認しておくことを忘れないでください。また、今回の問題のケースでは新規のお客様のため、このようなWG活動を通じて、お客様との友好な関係構築が図れることも期待できます。

Ⓐの業務ノウハウを持つ保有者は簡単には見つからないことが多くNG。Ⓒの公的な文献からは必要な情報獲得は難しくNG。Ⓓの著作権の変更はうまくいけば最高でしょうが、かなり難しい交渉となるとWGでは考えました。

PM川柳

“かもしれない”
未必の故意も
罪の内

事情通

PM、サブリーダー、関係する有識者をはじめ、ステークホルダーは、プロジェクト実行中やレビュー中にさまざまなリスクに “気づく” ことがあります。しかし、そのリスクが先々の進捗やコスト、品質に深刻な問題を引き起す…かもしれないことが見過ごされるケースがあります。さらに、“そうなってもかまわない” とすら考える人もいるかもしれません。そういったことが現実に発生した場合、あのときリスク特定をしっかりしておけばよかった、そう言ってほしかった…などと悔やんでもあとの祭りです。

いわゆる “老婆心”、特に有識者には見識が期待されるところです。リスクの見逃しは限りなく “故意” につながる、くらいの意識を期待したいものです。また、PMはリスクを挙げやすい雰囲気づくりをすること、挙げられたリスクを積極的に取り上げることが大事です。

第6章

言った、言わないでもめないためには（調達の問題）

調達の問題

言った、言わないでもめないためには

完全に内製化できるプロジェクトでは調達マネジメントは必要ありません。しかし、一般的なプロジェクトでは、外部から何らかの物品やサービス〈人的資源〉を調達する必要があります。調達の難しさは買い手のメリットが売り手のデメリットになることにあり、その逆もありえます。両者が納得するためには、きちんと合意し、合意した事項を書面で残すように心掛けてください。

プロジェクトの途中で「言った、言わない」でもめないために、契約書にできるだけ、両者の合意事項を明記することが重要です。

難易度 ★

問題 その1 共通部品のテスト

あなたがPMを担当した請負契約での開発プロジェクトは、3か月前に無事本稼動した。その後はお客様自身で運用を行っており、あなたの会社の作業発生時にはお客様からスポット契約をいただき、当時開発を担当したO社P社Q社に都度依頼を行っている。

最近、請負契約で開発したO社が担当した共通部品でバグが見つかったためO社に瑕疵担保責任で修正を対応してもらった。ところが、本番環境へのリリースには、その共通部品を使用しているP社Q社が開発した業務アプリへの影響テストが必要で、顧客からもテスト実施を要求されている。

あなたは、テスト実施費用をどのように考えたら良いかを、社内関係部門に相談したところ、「標準契約では、瑕疵担保責任の対応範囲は仕様書どおりに動作するようにプログラムを修正することである」との回答を得た。

この対応として、次の中から最も適切な解答案を1つ選択しなさい。

- **A** お客様に対応費用を請求する
- **B** O社に瑕疵担保責任としてテストを実施してもらう
- **C** P社Q社にお願いして無償でテスト実施してもらう
- **D** あなたの会社の費用で、P社Q社に依頼してテストを実施する

共通部品のバグ、改修や試験の責任範囲は？

解答 その1

Ⓓ あなたの会社費用で実施する必要があります

請負開発での一般的な契約では、製品の納入検収後、1年間の瑕疵担保責任期間を定めています。また、同様にビジネスパートナーに対しても瑕疵責任を求めています。今回のように複数のビジネスパートナーが絡んでいたり、共通部品のように影響範囲が広い場合の責任範囲は複雑なものになります。

また、契約を額面どおりに受け止めれば、仕様書どおりに動作するようにプログラムを修正すれば良いとも受けとれますが、仕様書どおりに動作することを確認しないと修正が正しいという保証にはならないという考え方もあり、悩ましいところです。

今回の問題のように、バグ発生が共通部品であり、他社でも使用されているのであれば、影響テストは開発側責任ととらえて、P社Q社の使用箇所も仕様書どおりに動作することを確認すべきとの判断が現実的判断となるとWGでは考え、Ⓓを正解としました。

しかし、他社ソフトがあなたの会社の共通部品を使っていた場合などの瑕疵担保責任の扱いなど、個々のケースでどこまで試験を実施するかは、解釈の違いが大きく発生する可能性があります。責任範囲を限定するためにも、お客様と事前に合意しておくことも場合によっては必要かと思います。

難易度 ★★★

問題その2 調達先選定の優先順位

あなたはある金融プロジェクトのPMであり、そのプロジェクトではシステムの更改時期を迎えている。あなたの会社はプロジェクトオーナに気に入られていることもあり、共同でシステム更改計画に当たっている。更改に当たり、経営層より大幅なコストダウンを要求されていることから、あなたはメインフレームからLinuxへの移行を実施することとした。さらにコストダウンとして、詳細設計工程から単体試験工程までをインドでオフショア開発を実施する計画を立て、現在取引のあるオフショア会社に打診したが、リソース不足で開発要員が出せないとの回答であった。そのため今回新たなオフショア会社と取引せざるを得ない状況である。

新規調達先を選択するに当たり、重視すべきポイントはどれか、次の中から最も適切な解答案を1つ選択しなさい。

- A 相見積りにて一番安い会社
- B 金融ノウハウを持っている会社
- C 規模の大きい会社
- D ブリッジ(橋渡し)SEが充実している会社

マイグレーション開発で重視すべきポイントは？

解答 その2

Ⓑ 品質確保が一番の問題です

マイグレーション開発で一番重要なポイントは、どのように現行システムと新システムが同じかを証明するかという点となります。この証明は非常に難しく、現行システムと新システムを同じデータで動作させて比較する現新比較試験により証明するという選択肢となることが多い事例です。現新比較試験は、業種ノウハウを有していないと試験項目の抽出ができず、品質を担保できない恐れがあります。

試験が不足したことにより後工程で品質不良が発覚した場合、プロジェクト終盤で膨大なコストを発生させる危険性があります。また、問題発生タイミングが試験工程であるため、試験の全面やり直しによる大幅な納期遅延は避けられず結果として赤字拡大にもつながります。このことから品質を確保できる試験を実施できる業種ノウハウを保持している調達先が望ましいとWGでは判断しました。

Ⓐは、発注単金が安くとも、失敗し、納期遅延となった場合は発注側も相当な傷を負いますので、価格優先して決めてはいけません。Ⓒについてはリスク対策にはなりますが、会社規模が大きくても、このようなマイグレーションプロジェクトに必要な有識者がいるとは限りません。Ⓓについてマイグレーション開発の場合は、やるべきことは明確であり、日本側との調整事項は新規開発ほど発生せず、ブリッジSEの充実度は、QCDを確保する主要因にはなりません。

マイグレーションは機械的にはできず、かなりの修正が人手となり、試験でどう品質を確保できるかが最も留意すべきポイントとなります。

難易度 ★★

問題 その3 ビジネスパートナー選定

あなたはPMとして、ある製造業のお客様の基幹システム再構築商談を受注した。3週間後にキックオフを行い、要件定義工程を開始する予定である。現在、体制を構築中であるが、業務チームの中核となる「受注サブシステム」の開発を依頼するビジネスパートナーが決まっていない状態である。あなたや、あなたの部門でこれまで付き合いのあった会社に打診したが、要員不足という理由で断られたため、付き合いのない会社を新たに検討している。

あなたは数社に声をかけ、相見積りを取り、各社の見積りの内容確認は終わっている。

なお、本プロジェクトは原価率が厳しいので、できるだけコストを抑えたいと考えている。ただし、基幹システムの再構築であり、相応の品質の確保も必要であると考えている。

新規のビジネスパートナーを選定する際に、最優先に考慮すべき観点はどれか、次の中から最も適切な解答案を1つ選択しなさい。

Select

- **A 単金の安さ**
- **B 技術スキルの保有、生産性の良さ**
- **C 会社規模の大きさ**
- **D 業種ノウハウの保有**

何を重視して選定しますか？

解答 その3

🅓 要件定義では業種ノウハウが重要です

プロジェクト遂行において、安いという理由を主体に選んだビジネスパートナーの選定ミスが原因で、業務ノウハウ不足/開発スキル不足などの品質悪化を引き起こし、結局後工程でコスト増大や納期遅延につながるケースが散見されます。選定要素のうち、コストは重要な要素の1つですが、見積金額の安さだけで判断するのは非常に危険です。ビジネスパートナーの選定は、PMにとってプロジェクトの体制構築という非常に重要な要素の一部であり、慎重に考えるべきです。選定には、業務スキル、開発スキル、技術スキル、開発実績、品質への取り組み、セキュリティへの取り組みなどなど、さまざまな要素を多角的に評価し、総合的に判断する必要があります。その結果、ほかに比べ単価が高いビジネスパートナーに発注しても、生産性の向上で結果的には安くなることにつながります。

🅐の単金、🅑の技術スキル、🅒の会社規模ももちろん大事なファクターではありますが、この問題のケースでは要件定義からの対応が必要なため、🅓の業種ノウハウの保有を最優先とすべきと判断しました。

難易度 ★★★

問題 その4 キーマン退社!!

あなたがPMのプロジェクトは、単発の業務機能追加開発である。あなたはビジネスパートナーに、O社P社を選定しプロジェクトを開始した。

単体試験終盤となったとき、ある重要な料金計算を実施するバッチ処理の担当者が退社すると言い出した。その担当者は、あなたの会社からは請負契約で発注しているO社配下の要員であるが、フリーの技術者でありO社から支払われる作業単価に不満を持っての退社のようである。その単価を聞くと、ごく標準的なものではあるが、その担当者は残業がかさんでいる状況であった。O社に代替要員を探すようにお願いしたが、相応なスキルを保持した要員が即時アサインできないとのこと。社内の担当をアサインし、プログラムを見させたが、業務仕様が難解で判読が難しいとのことであった。幸いなことに、それまでの単体試験結果を見ると、品質は安定しているように見える。

プロジェクトスケジュールに余裕はなく、サービス開始まで4か月の状況である。また、このバッチ処理はほかと連動する箇所は少なく、独立したバッチ処理である。PMとしてどのような手を打つか、次の中から最も適切な解答案を1つ選択しなさい。

Select

- **A** 社内担当に継続して解析させ、担当とする
- **B** O社上層部にエスカレーションし、要員を探してもらう
- **C** O社に単価を見直してもらい、その担当者を引き止める
- **D** P社配下で単価を調整し、その技術者を再雇用する

プロジェクト成功のために

解答 その4 Ⓓ

ときにはこんな回避も必要です

この問題の正論での正解は🅑の〇社上層部にエスカレーションでしょうが、あえてWGでは🅓を正解と判断しました。

品質が安定しているように見えても、料金計算というクリティカルな分野で、🅐や🅑の対応を取り短期の結合試験で問題が発生すると、改修に時間がかかり致命傷となってしまう危険があります。そのため、技術者の要求する発注単価が理不尽なものでない限り、ある程度認めて体制構築に尽力することがPMに求められることと判断しました。

🅒の対応は請負契約で発注している会社の単金に口を出すことになり、下請法違反となり、やってはいけないことです。

ただこの対応はPMとしてかなりのリスクを取る手法となってしまいますので、緊急回避的なやり方と考えてください。チームの和は確実に乱れ、そのほかにフリーの技術者がいた場合、私の単金も上げろといった混乱が発生する危険も大きいやり方やり方であり、P社への発注のやり方にも法律上問題が無いように十分に配慮して実施する必要があります。

このようなリスクは現実的に発生します。回避するためにも、請負契約だからと安心しないで、どのような作業者の体制で仕事をしているかを、いろいろなチャネルで収集しておくことがPMとしては必要です。

難易度 ★★★

問題 その5 そのRFPで十分ですか？

あなたはPMとして社内システムのモダナイゼーション（老朽化した情報システムを近代化すること）を担当することになった。

製造工程以降を担当する会社を選定するため、RFPを発行しコンペを実施、最終的な候補をO社とP社に絞り込んだ。O社は取引実績があり、当社の業務内容についても熟知している。提案内容は期待以上のものであるが価格は高くP社の約3倍である。一方P社とは取引実績がなく、提案内容は業務理解度の低さゆえ満足いかないものになっている。

社内で用意した提案評価基準は価格点に比重が置かれており、P社の圧勝という結果になった。社内の雰囲気も、マネジメント層を中心に予想以上に安い買い物ができたと喜ぶ者が多い。しかし現場には取引実績のあるO社の提案内容を高く評価する担当者も散見される。

このような状況下で、あなたはどのような手を打つか、次の中から最も適切な解答案を1つ選択しなさい。

A 提案評価基準を見直し、O社が有利になるよう調整する

B 採点結果に従い、P社に発注する

C O社に再提案を求め、提案価格を下げるよう要求する

D RFPを書き直し、再度コンペを実施する

安物買いの銭失い

解答 その5 Ⓓ

RFPが粗いと提案も粗くなります

RFPに回答のあった各社の提案内容や金額に大きな差が生じた場合、その原因を究明することが不可欠です。今回の場合、RFPの記載内容が粗かったり、曖昧さを含んでいたためにP社の提案内容がこちらの期待レベルに合わなかった可能性が高いと推察できます。たとえば関連するシステム（利用部門が独自に構築しシステム部門が実態を把握していないシステム）や業務パターン、例外処理などが網羅的に説明されていない、運用要件や移行要件など非機能要件が十分示されていない、プロジェクトのスコープが曖昧である、などが疑われます。RFPが問題含みであった場合、Ⓐ、Ⓑ、Ⓒの選択肢はいずれも本質を解決しておらず将来問題が顕在化する可能性があります。加えて、ⒶとⒸの選択肢は調達の公正性の観点からも好ましい対応とはいえません。

したがって、今回はⒹを正解としました。また、RFPの見直しと同時に提案評価基準の配点内容の妥当性も点検しておくとよいでしょう。提案価格を重視しすぎると、業務理解度やモダナイゼーションの実績といった重要な部分を適切に評価することができない可能性があります。

難易度 ★★

問題 その6 進捗管理の勘所

プロジェクトは試験工程の終盤にさしかかったが、あなたの会社から請負で発注しているビジネスパートナーの担当部分の障害が、なかなか収束せず進捗ははかばかしくない。障害が収束しないことから製造工程の完了目処が見えず時間的にも切迫していた。
このビジネスパートナーはこのプロジェクトで新規に選定した会社であり、PMのあなたは毎週、ビジネスパートナーのリーダーと進捗会議を開催し、週次報告書にもとづいて報告を受けている。直近の進捗会議で、週次報告書の「問題点と対策」欄を見ると、“進捗が遅れている” とだけ記述があった。
PMとして、この場面でまずはどのようにビジネスパートナーに言うべきか、次の中から最も適切な解答案を1つ選択しなさい。

Select

- Ⓐ 障害の収束にとにかくがんばってほしい
- Ⓑ 遅れの程度や対策案を、すぐに記述・再報告してほしい
- Ⓒ 具体的な状況をすぐ確認させてほしい
- Ⓓ 責任者にすぐ連絡し対策案をもってくるように伝えてほしい

遅れの原因を解っていますか？

解答 その6　C

三現主義による管理が大切です

報告内容からはビジネスパートナーの開発管理力が弱いことが想定されます。管理力の弱点をさし置いても、工程終盤でもあり、まずは現場・現物・現実をPMの目で自ら確認し、遅れの程度と原因などを至急把握することを最優先とします。その上で要員増強や対策(要員増強など)と見通しを含めた再報告を依頼します。いわゆる“調達管理”でも、三現主義による管理が鉄則です。

長年のつきあいのあるビジネスパートナーとは管理上、適当に折り合いをつけた、いい加減な関係になりがちですが、原理原則を大事にし、ビジネスパートナーのマネジメント力の改善を図って、結果につなげていきます。

余談とはなりますが、PMにはおかしいと感じる感性が必要です。プロジェクトの現場では、毎週の進捗会議で報告される書面だけでは実態をつかむことが難しく、蓋を開けるとこんなはずじゃあと落胆することも少なくありません。担当者との普段の会話、周囲の会話、飲み会などの非公式なコミュニケーションなどから「おかしい」と感じる箇所を深堀りすることで、クリティカルな問題を発見することが多いのが実情です。

難易度 ★★

問題その7 評判のソリューション

あなたは、ある大規模開発プロジェクトのPMに任命された。商談活動はビジネスパートナー主体で実施し、お客様とは良好な関係を築くことができていた。

提案はそのビジネスパートナーが保有し、その会社のHPにも公開されているソリューションをベースに構築するものであり、大幅なコストダウンにチャレンジする提案であった。お客様もそのソリューションを評価し、当社に決まった経緯がある。また、前任者からは、このビジネスパートナーは「業務スキルがある」「同様のシステムの導入実績も多い」などの評判は聞いていた。

しかし、設計工程に入ると、当初の計画から進捗が遅れ、ドキュメントのでき栄えも芳しくなかった。あなたが、遅延の要因などをビジネスパートナー幹部に確認したところ、適用したソリューションをビジネスパートナー担当が過大評価しすぎており、当初計画したように使えていないことが分かった。

すでに、お客様からは受注しており、スケジュールは設計工程を半分過ぎている。あなたなら、PMとしてどのような決断を下すか、次の中から最も適切な解答案を1つ選択しなさい。

Select

- **A** ビジネスパートナー上層部にエスカレーションしリカバリー手段を報告してもらう
- **B** ビジネスパートナーの変更を考える
- **C** お客様に契約の見直しをお願いする
- **D** ソリューションの詳細調査をする

そのソリューションは運用実績があるの？

解答 その7

Ⓓ ソリューション製品の実態を把握しよう

この問題の状況では、遅きに逸した感はありますが、「ソリューション」の実態をきちんと把握し、どの程度の効果があるかを見極めた上でリカバリーの対策を打つべきとWGでは考えました。

往々にして「ソリューション」として対外的に宣伝しているものの実態は曖昧であり、人のノウハウしかない「ソリューション」や、流用部品が整理整頓されていない「ソリューション」、はたまた中身のない「ペーパーソリューション」といったものも存在しているのが現実です。

このような適用に問題のある「ソリューション」はしっかり見極めが必要ですが、PMとしてこの問題のような失敗を防衛するために、採用を決めた「ソリューション」は中身をきっちり理解するよう、徹底的に提供元に説明を要求する必要があります。

Ⓐの「方法をビジネスパートナーに検討させる」はPMとして現場現物に迫っていないことと、Ⓓを実施しないと対策の判断もできないことからNGです。Ⓑの「ビジネスパートナーの変更」は時期を逸しておりNGです。Ⓒの「お客様へ契約の見直し」はできれば最高でしょうが、お客様の瑕疵はない状況でできるとは思えないためNGです。

中身を自分の目で見て理解できているもの以外は信用しない、というスタンスが、PMに要求される考え方です。この現実は悲しいことですが昨今の失敗プロジェクトからの重要な教訓といえます。

問題の解答としての解説は以上ですが、WG内のレビューの場では上記解答案について次のような問題提起がありました。「解答は正論であり理解できるが、現実解としてはビジネスパートナーにも相応の解決責任があることや解決のスピードを考えると、正論だけではすまないのではないか？」
さて、皆さんならどのような現実的な解決策を取るでしょうか.....
今回の件は事前調査が足りなかった点で、PM側の責任はもちろん大きなものですが、このビジネスパートナーに相応の責任も分担させる形でのリカバリー策を考えざるを得ないのではないか。その意味では解決スピードも考えると、🅐と🅓は同時一体でやるべきであり、むしろビジネスパートナー側の解決策検討の場にPMが飛び込んでいって危機感を持って、運命共同体で解決策を考えることが、取るべき行動ではないかという考え方もあります。
皆さんの解決案はどうでしたか？

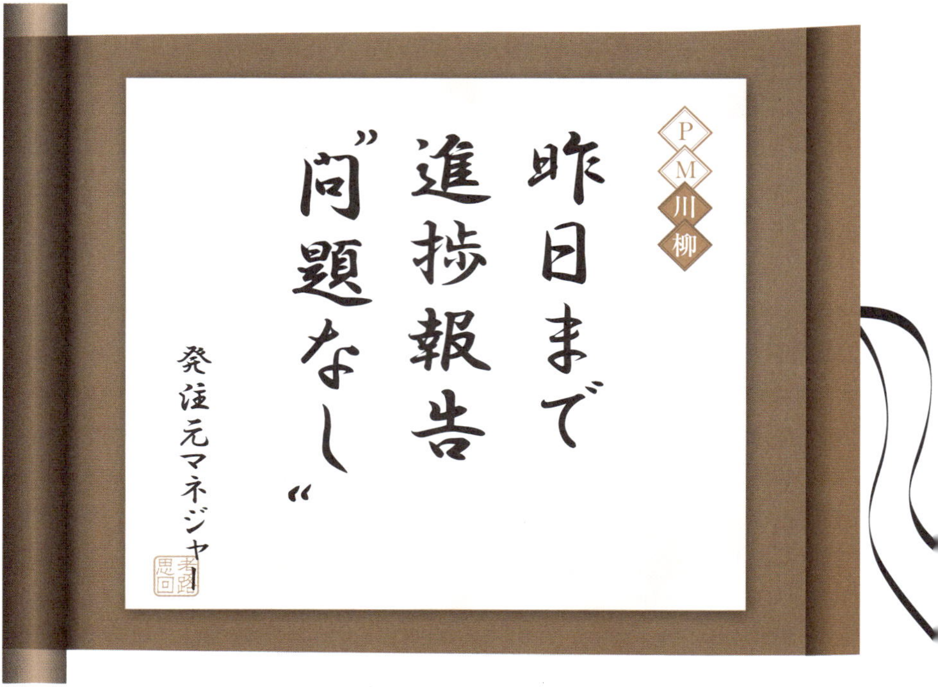

PM川柳
昨日まで
進捗報告
“問題なし”
発注元マネジャー

発注先から、週次報告書では“問題なし”が続いて安心していましたが、納期が近づいたある日突然、「実は…この問題で納期が守れそうにありません。」と言ってくる場合があります。顧客納入などを準備していた矢先、あなたは青天の霹靂です。頭が真っ白になり…といったご経験を持っている方もいると思います。進捗報告を鵜呑みにしていた自分に気づきましたが後の祭りです。発注先の責任を問うには遅すぎました。

三現主義（現場・現物・現実）を徹底し、現物を確認するなどをしていたら結果は違ってきたはずです。

第7章

プロジェクトは計画どおりにはいきません（統合の問題）

統合の問題

プロジェクトは計画どおりにはいきません

システム開発プロジェクトの成功率は決して高くないといわれています。なぜでしょう。

形のないものを作り上げるシステム開発は進めるにつれていろいろな問題に直面します。そんなときに、行き当たりばったりで慌てていては遅いのではないでしょうか。

お客様・ビジネスパートナーを含めて全員で同じ目的に向かうために、何かが起こったときにどのようなルールで対応するかをプロジェクトマネジメント計画としてしっかり作り、それに従いプロジェクトを運営することが大事です。

難易度 ★★★

問題その1 新業種への参画

あなたは、すでに進行中のプロジェクトのPMを急遽担当することになりました。前任者のPMが急遽、問題プロジェクトの火消し役としてプロジェクトを抜けることになったためです。あなたはプロジェクトの経験は豊富ですが、今回の業種は初めて担当します。

このプロジェクトは、基本設計工程の終盤で、大きな問題もなく進められ、品質判定会議も問題なく通過しているようです。また、詳細設計工程以降については、大まかな計画と体制のみ決まっていますが、詳細スケジュールなどの計画はなく、あなたが計画する必要があります。

あなたは詳細設計以降のPMとして参画しますが、当業種の経験がなく非常に不安です。PMとしてこの不安を拭い去るため、最優先で行うべきことは何か、次の中から最も適切な解答案を1つ選択しなさい。

Select

- Ⓐ 基本設計工程の作業内容確認
- Ⓑ 詳細設計の体制とスケジュールの詳細化
- Ⓒ 詳細設計以降のWBSを確認
- Ⓓ 受託条件の確認

最初に行うべきこと

解答 その1

A

現状把握が最優先です

この問題の設定では、PMが当業種の経験がなく非常に不安感を持っています。この前提で問題を考えると、まずプロジェクトの現状を把握することの優先度が高いとWGでは考えました。現状把握には三現主義にもとづき、現在実施中の基本設計の作業状況を確認することが近道です。

プロジェクトごとに各工程の作業内容は文化の違いがあり、特に業種が違う場合は大きく違うことがあります。この部分を理解せずに次工程に突入した場合、PMとしてやるべきことの判断を誤る可能性がありますので、基本設計の作業範囲をきちんと確認し、次工程に取り組みましょう。また、品質判定会議を通過していたとしても、基本設計の品質が悪いことも考えられますので、まず、基本設計書をあなたの目で確認（全部は無理なのでサンプル）し、後工程の作業にスムーズにつながっていくかを考えて、過去の作業を自分のものとしておくことが大切です。

そのほかの選択肢にある、受託条件の確認、詳細設計以降の体制やスケジュール、詳細設計以降のWBSの確認もすべて重要ですが、過去をきちんとチェックすることが最優先であり、その後に手掛けても遅くないと思います。

難易度 ★

問題その2 稼動遅延は許されません

あなたは、お客様の新商品販売開始に向けたシステム開発のPMを担当している。開発期間は1年であり、当初計画では要件定義/基本設計を3か月の予定であったが想定以上に難航して、約2か月遅れで基本設計工程完了の見込みである。このプロジェクトはお客様の社運をかけた主力商品の新商品対応であり、当初計画した本稼動開始日時の遅れは許されないため、あなたはスケジュールのリカバリーに向けた施策立案を行う必要があった。さらに、このプロジェクトは、業務処理が独特の形態であることから業務特異性について、4社のビジネスパートナーの開発要員への教育を並行して実施している。
この状況下でスケジュールのリカバリーに最も効果が高い策はどれか、次の中から最も適切な解答案を1つ選択しなさい。

Select

- Ⓐ 詳細設計を完了した機能からプログラム設計〜結合試験までを順次実施する
- Ⓑ 要員を増員して対応する
- Ⓒ 販売開始時に必須機能とそれ以外に分けて再スケジュールする
- Ⓓ 詳細設計以降のドキュメント（プログラム設計など）を割愛し期間短縮する

サービス開始の条件って何でしょう

解答 その2

Ⓒ 優先順位をつけて段階リリース

上流工程が遅れて下流工程に残された期間が短くなることは、実際の開発プロジェクトでしばしば見られます。遅れの原因はさまざまでしょうが、一つの原因で遅れることは少なく、いろいろな要素が複合して遅れることが多いのが実態です。このため、遅れのリカバリーは単にベンダー単独で行うのではなく、お客様も含めてプロジェクト全体で考えるべきです。

この問題では、本稼動開始遅延が許されず、かつ、業務特異性があるため、対策も限られてきます。Ⓐは一番やりがちな対策ですが、線表上で工程の開始を重ねた並行開発は関連機能に仕様変更が発生した場合に手戻りのリスクがあり、納期必達では危険です。Ⓑは業務特異性により新規に増員した要員は即戦力にはなりません。さらに、増員は現行要員にも教育の負荷をかける側面もあり、短納期のプロジェクトでは効果を得ることは難しい面があります。Ⓓのドキュメント割愛は品質に影響する可能性が高くなります。今回の場合は、まず、本稼動開始までの開発量を削減するⒸの策を検討すべきでしょう。いずれにしても、まずPMとして十分に考え戦略を練り、お客様と調整した上で対策を立ててください。

難易度 ★★

問題その3 新しい物好きのお客様

あなたは、旧来のクラサバシステムを、Webシステムに再構築するプロジェクトのPMである。プロジェクトの構築体制は、従来の担当を中心としたビジネスパートナー主体である。お客様のリーダーは技術的に明るく、新技術の採用に積極的である。要件定義工程を進める中で、RFPに明記されていないが、数年後に想定される他システムとのデータ連携時に必ず効率化に役立つという理由で、ある新技術の採用を強く要請された。この新技術は当初の要件実現では必ずしも必要な技術ではないが、技術トレンドからは有望な技術である。しかし、現状の体制では新技術に対するスキル不足で、お客様担当者と有効性や導入方式の会話ができない状況で、新技術の詳細が不明なまま採用に向け押し込まれている状況である。契約は要件定義～基本設計までを準委任契約で受けており、金額も合意している。詳細設計以降の製造は請負契約の予定であり、お客様の予算も把握できていない状況である。

PMとしてまずどのような判断を下すべきか、次の中から最も適切な解答案を1つ選択しなさい。

Select

- **A** 現体制ではリスクが大きいため新技術の採用は止めるように提案する
- **B** 体制を構築し実現性を検証した上で、要件定義工程を完了させる
- **C** お客様とのステアリングコミッティで新技術への対応方針を再確認する
- **D** 体制確保を行い、次工程で詳細方式と実現性を検証する

今、新技術を導入する必要がありますか？

解答 その3

Ⓒ

新技術採用は、合意の上で

お客様の中には新技術志向の方がおり、この問題事例のようにリスクをあまり考えずに強く要求してくる場合があります。いろいろと考えずに取り込むと、要件が不確実なまま要件定義工程が終了し、後工程で大問題となります。そもそものプロジェクト目標を明確にし、新技術の採用については、効果とリスクを明確にして、双方の上位が出席しているステアリングコミッティで判断を求めることが得策です。また、このようなリスク判断に当たっては、契約面の見直し要否も議題としてあがってくることもあり、併せてステアリングコミッティで決定すべきだと考えます。

新技術は、PMやお客様担当の独断で取り組むのではなく、組織的合意を整えて、体制面などのリスクに対する取り組みを明確にした上で、チャレンジしていくのが本筋でしょう。

Ⓒ以外は、以下の理由より望ましくないと判断しました。Ⓐは採用の効果を明確にできていませんし、基本的スタンスとして新技術に後ろ向きです。Ⓑはやることが前提の対応となっておりNG。Ⓓは対応の順位が違い、かつ対応が後手に廻っています。

難易度 ★★★

問題その4 仕事とプライベートの狭間

あなたがPMを担当し、一年前にリリースした経理業務システムがあります。このシステムで、ある月末の休前日にトラブルが発生し、その原因はアプリケーションプログラムのバグが濃厚であることが判明しました。休日中にバグを改修し、緊急リリースを行わなければ、月末締め処理が完了できず、その月の決算処理が遅れ役員会議への報告が遅れる影響があります。経理部門のお客様から何とか助けてほしいと営業経由で連絡が入りました。

仕様的に難易度の高い改修であるため、過去のアプリケーションプログラム担当者をアサインしようとしたところ、週末に韓国食べ歩き旅行の予定があり、休日出勤は無理だと言っています。ほかにその仕様を知っている担当者はいませんが、そのアプリケーションプログラム言語に精通した別の担当はアサインできそうな状況です。

瑕疵担保責任期間は過ぎており、運用保守契約は結んでいません。

PMとしてどのような対応方針を考えるか、次の中から最も適切な解答案を1つ選択しなさい。

Select

A 別の担当者主体で緊急対応を計画する

B 責任を持った対応ができないため、過去の担当者帰国後に対応する

C 業務命令としてプログラム担当者の旅行をキャンセルさせ対応させる

D 契約を結んでもらい、その後対応スケジュールを考える

プライベートを犠牲にできますか？

解答 その4

Ⓐ 柔軟な対応こそPMの技量です

契約面から見ると、瑕疵担保責任期間を過ぎており対応する責任はありません。しかし、SEとしてはお客様起点で考えることが重要であり、PMとしてまず何とか対応できないか、調整に走ることが第一だと考えました。海外旅行を計画しているメンバーと、代わりに作業を実施するメンバーを飛行機出発ギリギリまで作業引継ぎを実施してもらい、万が一の際は旅行先の担当に連絡できる体制を整えて、誠意をもって対応することが望ましいと思います。ここで、契約面は覚書などで取り交わし、後日対応とします。

Ⓑは、お客様の気持ちを考えると、良い対応とはいえません。Ⓒは業務命令の乱用に当たる可能性もあり、できるだけ使うべきではありません。しかし、どうしようもないと判断したときは、毅然と幹部から業務命令を出すことになりますが、その結果発生するキャンセル料金などの補填について、人事総務部門と相談し従業員に十分配慮する必要があります。Ⓓは契約面から考えるとそのとおりですが、困っているお客様からしてみれば、冷たい対応と感じられるでしょう。

このようなトラブルを契機にして維持に関係する各種作業を洗い出し、業務継続の観点で整理し、SLA（サービスレベルアグリーメント）としてまとめ、お客様から運用保守契約を結んでいただくような活動につなげることも必要です。

難易度 ★★

問題その5 プロジェクト管理の標準ルール

あなたはある新規のお客様から受託したプロジェクトのPMに任命された。あなたの会社はプロジェクト運営の標準化を進めており、社内会議では標準に沿った各種帳票の提示が会議ルールである。あなたはプロジェクト管理のための各種管理帳票を社内標準に沿って準備し、お客様に打診したところ、お客様にも社内標準があることが判明した。

お客様の社内標準を入手したところ、あなたの会社が用意している社内標準とは大きく乖離しており、記載内容はあなたの会社標準と比較すると80％程度しかなく、管理するには不足している標準であった。しかし、お客様標準にしかない記載項目も数点あるようである。

PMとしてどのような方針でプロジェクト運営に当たるか、次の中から最も適切な解答案を1つ選択しなさい。

Select

A お客様標準で運営するが社内向け管理項目を補足で組込む

B 社内標準の有効性を訴え、社内標準で運営とお客様に依頼する

C 両社の良いところを取った新標準を提案する

D プロジェクト内部と社内報告とは管理帳票を分けて並行運用する

ダブルスタンダード!!

解答 その5

Ⓐ お客様に合わせることが基本です

社内とお客様でダブルスタンダードとなったときの考え方を問題にしました。社内標準はあくまで基準であり、すべてのプロジェクトに完全合致はしません。今回の問題のようにお客様の標準が存在するならお客様システムの中に異なった標準のシステムを構築する選択は避けるべきであり、原則は“お客様の標準”で進めるべきです。

このとき、社内にのみ使う管理項目が不足しているなら、足りない管理項目は対象を抽出し、お客様標準を補足します。ただし、補足した情報をどこまでプロジェクトとして正式なものにするかは、不足している情報の質、お客様との関係やプロジェクトの状況によります。

Ⓑはお客様の特定システムだけ、別標準で構築されることはお客様内の混乱を招きますのでNG。Ⓒはお客様の基準を変えることは非常に難しいのが実態で、お客様標準の問題が顕在化して、リスク認知されているような場合以外だと、うまくいく可能性は小さいです。Ⓓは管理項目の数や用語が二重にあると、プロジェクト現場の人も管理者も混乱し、ムダな管理工数が肥大化してしまいます。

難易度 ★★

問題その6 環境の取り合い

システムテスト工程終盤の進捗会議で、お客様から「多発している問題の解決と品質確保のため、本番環境でのテストが必要なのは分かるが、我々も移行の準備と利用部門の研修を予定どおりに実施する必要がある。バグ対応は他環境を使ってほしい」とクレームがあった。あなたはPMとしては、各サブシステムのリーダーにその旨指示しようとしたが、各リーダーからは、「本番環境でしか検証できないものがほとんどなので本番稼動環境を我々が優先して使えるようにお客様を説得してほしい」と逆に言われてしまった。

品質不良による工程遅延が招いた結果であったが、なんとか打開していく必要がある。今後の対策案は何か、次の中から最も適切な解答案を1つ選択しなさい。

Select

- Ⓐ 他環境で工夫してバグ収束させるよう指示
- Ⓑ お客様作業、あなたの作業を精査した上で、PMレベルで本番環境を調整
- Ⓒ バグ収束が先決なのは明白なので、優先させてもらうよう依頼
- Ⓓ 本番環境を担当レベルで夜間休日を含め細かく調整

何が作業の優先事項でしょう？

解答 その6

Ⓑ 作業内容と優先順位を検討しましょう

スケジュール遅延は後続工程にさまざまな悪影響を与えます。特に工程の終盤になると時間的な余裕もなくなり打てる手も制限されてきます。今回の事例では、本番環境をお客様と取り合う形になってしまいました。試験環境がバッティングすることは試験工程でよく起こる問題で、本来は必要となる時間を試験環境設計で検討して割り振りますが、いざスケジュールが遅れると取り合いとなります。

この問題の場合、まずは稼動に向けてのお客様作業と、バグ収束のためのマシン作業がどれだけあるか把握することが必要です。その上で、夜間の使用も含めてきめ細かく本番機使用スケジュールを検討します。稼動延伸につながる重要事項ですので、必要なテスト環境と運用ルールを、担当任せではなくPMの権限で、トップダウンで決めてお客様と調整していきます。

Ⓐの他環境での試験はできないことが多いです。本番環境でないと信頼性などの試験は実施することができませんし、他環境構築には費用と時間がかかりますのでNG。Ⓒのバグ収束が優先は一概には優先といえませんのでNG。Ⓓの担当レベルで調整は、この問題はスケジュール遅延というPMレベルで判断すべき内容であるためNGとなります。

難易度 ★★★

問題 その7 パッケージで行くんですか？

あなたは、新システムの再構築プロジェクトのPMに任命された。旧システムはパッケージベースで構築されており、新システムの再構築においても、パッケージを使っての費用効率化が命題であり、実際にお客様へヒアリングを行いFit & Gapを実施した。その結果、適用率が70%程度であり、外付け開発とその維持を考えると費用効率化効果がほとんど期待できなく、新システム再構築は新規で開発した方が良い、とお客様に申し入れた。

しかしお客様は、システムの再構築はコスト・開発期間短縮を名目に、パッケージを流用開発する方針で経営会議で了承してしまっており、パッケージを適用せざるを得ない状況であった。

このような状況下で今後要件定義を進めていくに当たり、PMとして取るべき行動で、最も効果的な方針案は何か、次の中から最も適切な解答案を1つ選択しなさい。

Select

Ⓐ 再度費用効率化効果の少なさをお客様経営層に説明し、命題見直しならびに新規開発を粘り強く説得

Ⓑ 要件定義完了時点でベースライン（スコープ、コスト）の見直しを行うことを、お客様と合意

Ⓒ お客様業務内容をパッケージに合わせていただく方向でお客様経営層に調整

Ⓓ 開発規模を詳細に見積るとともに今後のベースライン変動に対する見直しルールをお客様と合意

適用効果がないパッケージリスク

解答 その7

D

リスクヘッジと共有が大切です

費用効率化というプロジェクトの命題に対し、パッケージで解決する方針の是非に関する問題です。パッケージを再利用した開発は、設計作業を進めていく過程で、必ず要件は増えることも想定する必要があります。

今回のケースではパッケージ適用率があまり高くなく効果が期待できないことが予想されるにも関わらず、開発期間短縮と費用削減を理由に、パッケージを利用したいという、お客様の方針決定が背景にあり、非常にリスクが高い状況です。リスク対応計画を策定し、いかにお客様にリスクを認識(共有化)していただき、どうリスクヘッジするかがポイントになります。

そのため、プロジェクトスタート時点の開発規模を正確に見積り、お客様と今後の変動に対する処置ルールをあらかじめ合意しておくことが重要です。その後は、要件定義期間中の要件の変動内容を変更管理プロセスで監視・コントロールします。

Ⓒのお客様業務をパッケージに合わせることは、利用部門の反発が大きく、Ⓑの要件定義完了時点での見直しは時期的に調整が難しくなります。Ⓐの開始前の新規開発説得は理想でしょうが、方針変更のエネルギーを考えると現実的には難しいとWGでは判断しました。

難易度 ★★

問題 その8 リリースミス多発

あなたはある大規模なWebシステム開発プロジェクトの新任PMになった。作業分担としては、アプリケーションプログラムの開発をお客様が行い、あなたの会社はインフラの運用支援を担当する形である。また、連携するホストシステムは他社が担当しており、システム全体のとりまとめはお客様が行うという体制になっている。プロジェクトは開発フェーズから保守フェーズに移ったが、アプリケーションプログラムの改修頻度は高く、資産リリースが頻繁に発生している。リリースは、週1回のイベント連絡会にてお客様との調整を図り、作業自体はあなたの会社が実施している。

ところが、最近資産リリース後にホスト系システムとのインターフェース不一致や作業ミスなどの障害が多発するようになり、お客様から効果的な障害防止策について提案を求められた。どのような方策を取るべきか、次の中から最も適切な解答案を1つ選択しなさい。

Select

- Ⓐ 関係者が全員出席する変更管理委員会の設置を提案
- Ⓑ お客様のチェック機能を強化するための支援作業を追加提案
- Ⓒ 各社間の責任範囲を再確認し、徹底することを提案
- Ⓓ 作業手順のレビュー会を実施することを提案

変更管理委員会は必要？

解答 その8

Ⓐ 大規模開発では必須です

変更管理委員会とはCCB（チェンジコントロールボード）ともいわれ、大規模、マルチベンダープロジェクトでは必須の委員会です。この重要性を認識されている方はⒶを、作業手順の問題ととらえた方はⒹを選択される傾向があるようですが、WGではⒶを正解としました。
マルチベンダー環境での保守プロジェクトにおいては、変更管理委員会設置による指示系統の明確化と確実な作業遂行が不可欠であり、他ベンダーとのコミュニケーション不足解消による障害発生防止策をまず検討するのが有効であると考えます。
Ⓑはお客様内での予算化が必要であり、調整に時間がかかることが懸念されます。またお客様要員育成計画として中長期的な対策とはなりえますが、当面の障害防止策としては優先順位が低いと考えます。Ⓒは責任の押し付け合いになる可能性があり、やはり当面の障害防止策とはなりません。Ⓓはレビュー者のスキルに依存するため効果が限定的となる可能性があります。
属人的な対応ではなく、変更管理委員会の設置を通じて組織としての情報統制を行うことで、コミュニケーション不足による障害発生低減を図ることを推奨します。

難易度 ★★★

問題その9 課題解決の先延ばし

ある中規模プロジェクトでは詳細設計工程も終盤となったため、一括発注しているビジネスパートナー4社のリーダーを集めて毎週進捗会議を開催している。課題一覧表を共有し、課題の解消状況も都度確認しているが、A社については課題が20件あり15件は完了、性能設計に関係する3件は期日を過ぎても一向に解消されず2回ほど"期限"を延伸している状況であった。他社の課題消化状況は問題ない。A社に理由を聞くと、「ほかの優先作業があり、今回も課題への取組みができなかった。期日をもう1週間延伸してほしい。」とのことであったが、このままだとお客様との設計レビューに間に合わないおそれがあった。なお、当初の課題内容と期限は事前に合意したものである、PMとしてまずはどう対応すべきか、次の中から最も適切な解答案を1つ選択しなさい。

Select

- **A** A社の責任者にエスカレーションし、組織対応を依頼する
- **B** リーダーに具体策を提示させ最後の延伸であることを約束させる
- **C** 技術スタッフをアサインし、課題解消に一緒に取り組む
- **D** リーダーに遅延の事情を詳細にヒアリングする

課題解決のやり方は？

解答 その9

Ⓓ 課題の本質を見極めましょう

プロジェクトの課題のマネジメントはPMの悩みの1つです。一般的に工程の開始時点の課題抽出会議などで課題を洗い出し、それを消化しながらプロジェクトを進めていきますが、忙しいことを理由に、課題の管理がないがしろにされ、期日をすぎた課題が大量に放置され、終わっているのか残っているのかが分からない状況になることがあります。大規模プロジェクトではそれを防ぐために「プロジェクト推進チーム」のようなPMO機能を有し、課題についても専任の担当を置いて日々消化状況の確認や遅延担当者に対する督促といった管理を行っています。しかし、中規模となると専任を置くのは微妙な状況です。いずれにしても、ことに難易度が高いもの、取り組みにくいものは遅延しがちです。

今回のケースは"性能設計"といった技術レベルの高いテーマと考えられます。A社は、知識を有する最適な担当のアサインの可否、検討の進め方など悩みを抱えていると考えた方がよいでしょう。“今更” 感はありますが、PMはまずそのあたりの事情をよくヒアリングし問題の本質を探ってみることが先決です。Ⓐ やⒷの対応では課題解消の見込みは薄いと考えられます。Ⓒをやるにしてもまずは Ⓓを実施してから、と考えます。

難易度 ★

問題 その10 新技術採用に当たって

あなたはPMとして、あるお客様を長年フォローしてきた。現行のメインフレームは稼動後7年が経過しており、システムも老朽化してきたことから新システム導入が検討されることになった。お客様からは、「業務内容の大幅変更はしないが、インフラ面で将来の拡張性を追求したオープンシステムを適用することも視野にいれた新システムの提案をしてほしい。ただし予算が厳しいことも配慮してほしい。ドラフトでもよいので1か月以内に提案を希望する。」と依頼があった。

あなたのチームは10年来現行システムしか経験がなく、新技術や最新動向の知識が明らかに不足しており、今後の提案活動に自信がなかった。かといって、お客様からの信頼は厚くPMを簡単に降りるわけにはいかなかったし、自分の存在感も示したかった。

今後、PMとしてどのような方針で対応していくべきか、次の中から最も適切な解答案を1つ選択しなさい。

Select

A 自社のナレッジベースから類似のオープンシステム構築事例を自分で調査して、提案の骨子を固める

B オープンシステムの技術に明るいメンバーや、関係部署を急遽招集し体制を整え検討会を立ち上げる

C メインフレームで最新技術をつかって提案を行う

D 移行リスクを考慮し、代替案として最新メインフレームでの単純システム更改案を提案していく

技術課題をどう解決しますか？

解答 その10

B できる人を巻き込みましょう

メインフレーム中心に経験を積んでいたPMが、個人では解決できない技術課題に直面し、どう提案していくか？　という問題です。この問題のケースのPMは長年お客様をフォローしてきたことから業務知識は問題ないと考えてよさそうですが、新しいIT技術も考慮しながらどう提案していくか？が課題です。お客様の真の要望は限られた予算の中で、新技術を念頭に入れた将来の拡張性を確実に確保していきたいということでしょうから、まずは課題に正面から取り組むことが、顧客満足度向上や本人のステップアップにもつながります。時間はあまりありませんが、自分の中だけに籠もらずほかの力を結集することを考え、まずは新技術に明るいメンバーの投入などを考慮した商談検討体制を整えることからスタートします。その上で勉強会を開催する、共通技術部門などを活用する、などにチャレンジします。

その体制で検討を進め、可能であればメインフレーム案も含めて案を抽出し、すべて検討した上で、メリット、デメリットを比較検討したトレードオフ表を提示しながらお客様と調整していくのが理想です。

難易度 ★★★

問題その11 キックオフ会議のやり方

ある製造メーカーのお客様から、設備保全システムの再構築商談を受注し、あなたはそのプロジェクトのPMを担当することになった。お客様は、過去に合併などの企業統合を繰り返してきたため、現行の設備保全システムは3系列存在し、企業統合のたびにエンドユーザーからの不満解消には多くの時間を要していた。

今回のプロジェクトは、海外の大規模パッケージの導入で、国内7か所にある各工場の独自性をできるだけ排除し、全社で業務を標準化し、効率化を図ることが目的であった。エンドユーザーの作業メンバーは、全国で約70名存在しており、あなたは全員のベクトル合わせのため、キックオフ会議でパッケージ機能確認、WBS・役割分担の確認、開発スケジュールなどを確認することとした。なお、お客様からは開催に当たりコストや現場の負荷は極力抑えてほしいと言われている。

この会議をどのように開催するべきか、次の中から最も適切な解答案を1つ選択しなさい。

Select

A 3日間程度をかけ、70名を全員本社に集めて開催する

B 3日間程度をかけ、70名全員参加のテレビ会議形式で開催する

C 2週間程度の期間で各工場を巡回して会議を分散して行う

D 2日間程度で各工場から1名の代表者を本社に集めて開催する

全員を集めるのは無駄でしょうか？

解答 その11

🅐 時には必要です

お客様とのキックオフの効果とコストのバランスを問う問題です。WGが発行しているメールマガジンで、この問題を掲載し解答を収集したことがあります。WGも想定していなかったのですが、回答者の4割位が🅓の代表者を集めると答え一番人気でした。二番人気は🅑のテレビ会議で選択者は約3割。WGの考える正解である、🅐の70名全員を3日間集めるやり方を選択する人は1割しかおらず、かなり難しい問題となりました。

この問題はWGメンバーが実際に経験したことを題材としており、そのWGメンバーは「キックオフはプロジェクトの一体感を作る大事な会議であり、全員参加が基本」という信念を持っており、キックオフ会議に費やしたコストを上回る効果を出したプロジェクトがこの問題の背景となります。

実例のプロジェクトでは、過去の経緯から、新システムの導入には現場からの強い反発が予想されていましたので、プロジェクト開始前に、お客様の現場メンバーと方針や進め方などを徹底的に議論し、納得してもらうことがプロジェクト成功の大きなポイントでした。キックオフ会議を開催するに当たり、お客様PMに必要性を訴え、お客様メンバー70名全員を本社に集めていただき、2泊3日の合宿を行い、方針や進め方について議論を重ね、最終的に合意を得ることができました。また、夜の自由な意見交換もとても有効であり、結果的に、本プロジェクトは現場からの絶大な協力を得ることができ、1年8か月のプロジェクトは無事成功しました。コストはかかりましたが、効果はそれ以上に絶大、という例です。

Ⓑのテレビ会議形式では、やはり対面でのコミュニケーションに比べ大きく劣り、さらに本音の引き出し(夜の意見交換)という観点で弱くNG、Ⓒの巡回方式やⒹの代表者招集方式では、徹底的な議論の可否や参加メンバー全員の合意形成の観点で課題が残ると考えました。

ただ、WGの中でも「この成功事例もあるかと思うが、古き良き時代の考え方であり昨今の酒も飲まない若手世代も含まれる場合はうまく行くのか」「出張旅費削減などで現場では強い心理的抵抗がある」との意見も出ていて、一方的に成功体験を押し付けるものではないことも記載します。

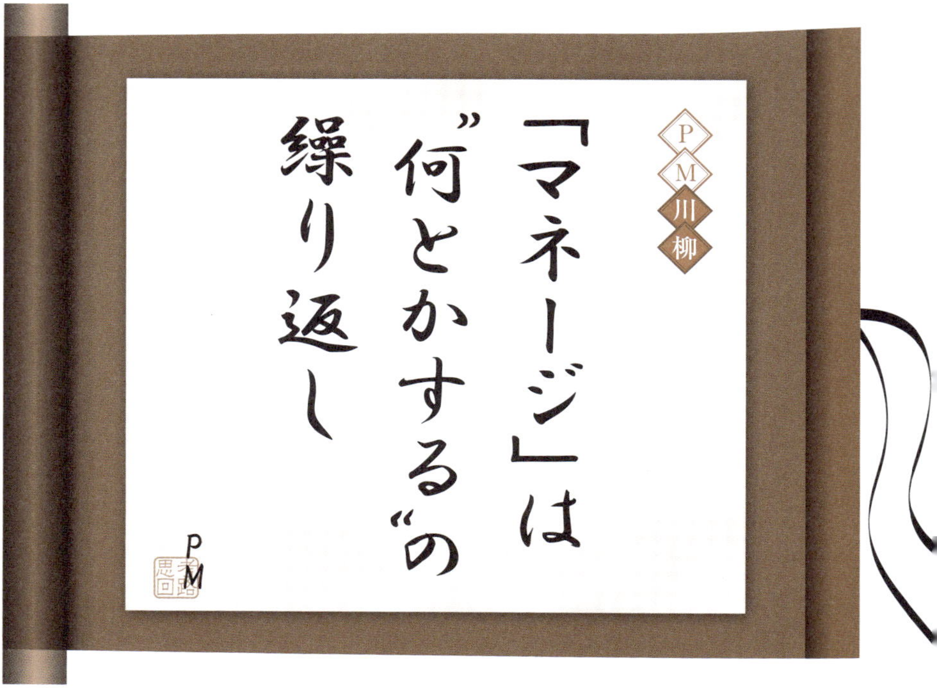
PM川柳
「マネージ」は
"何とかする"の
繰り返し
PM

「マネージ（manage）」は "管理する" とか "経営する" と訳されますが、その意味は（背景にある課題に対して）"何とかする、どうにかしてうまくやり遂げる" ということです。PMはその意味をしっかり理解し、PDCAサイクルなどのマネジメント技術・知識をうまく活用してプロジェクトの成功に近づけていくことが仕事です。

PMの仕事は単に静的に物事を管理するといったことではなく、三現主義（現場・現物・現実）に基づいた適切な判断と行動を伴う動的な活動であることを認識したいものです。その上で、仲間と英知を結集して "何とかする" プロセスを着実に踏んでいきたいと思います。

第8章

ステークホルダーを協力者に変えるには

（ステークホルダーの問題）

ステークホルダー
の問題

ステークホルダーを協力者に変えるには

ステークホルダーを味方につけるかどうかがプロジェクト成功の鍵を握るといっても過言ではありません。ステークホルダーには、プロジェクトに対して、肯定的な人もいれば否定的な人もいます。そうしたステークホルダーを協力者に変えていくのは一筋縄ではいきません。このため、PMには、プロジェクトの管理能力だけではなく、良好な対人関係を築くための対人スキルも必要になります。ステークホルダーマネジメントはPMの能力が問われる重要な分野といえるでしょう。

難易度 ★★★

問題その1 作業ミスの対応は無償？

ある業務システムの基盤構築プロジェクトにおいて、サービス開始直後に、あるサーバー環境セットアップにミスがあり、条件がそろうと業務停止につながる問題が内在していることが発覚した。問題を作りこんだ原因は、あなたの会社が準委任契約で実施したOSの単純なインストール作業ミスであり、発見できなかった原因はその試験項目を設定していなかったことであった。しかし、作業のレビューなどは確実に実施されており、各試験項目などはお客様レビューをきちんと受け、承認ももらっていた。

このプロジェクトは保守契約を結んでいないため、1人月の有償対応となることをお客様に説明し、お客様に費用について了承を求めたところ、「こんな単純な問題を見逃して有償とは何事だ。自社責任として無償で即座に直せ」と激怒された。あなたは、部門責任者である部門長と営業へのエスカレーションを行い、部門長同行の上お客様へ説明したが、お客様はまったく聞く耳を持たず、受け入れてもらえない状況で、事態が硬直化してきている。さてあなたはPMとして今後どういう行動を起こすべきか、次の中から最も適切な解答案を1つ選択しなさい。

A お客様に謝罪し無償で改修する

B 営業に判断をゆだねる

C 本件については費用請求せずこの顧客の売上の中で利益はグロスで考える

D 締結した契約にのっとった対応を貫く

PMがすべて対応するべきなんですか？

解答 その1　Ⓑ

役割分担をして対応しましょう

準委任契約では瑕疵担保責任はなく、善管注意義務に抵触する内容でなければ無償で対応する法的根拠はありません。今回の問題のケースでは善管注意義務にあたるかどうかは微妙なケースです。

準委任契約で受託した立場では、有償で対応してもらいたい事例ですが、お客様からは「プロとしてミスがないのは当たり前」「ミスは無償で直すのは当然」との論拠で強く迫られ、交渉が難しいケースに当たることは少なくありません。

まずこのようなケースは自分の上司にエスカレーションし、お客様の上層部と交渉することが常道ですが、これでもうまく解決できない場合を問題としてみました。

Ⓐのように何も条件をつけずに無償で改修することは、次も同じことを繰り返され、正当なビジネス環境が築けないおそれが大きくNG。Ⓒのようにグロスで考えるのは、同一顧客の別案件で見積り金額を水増しすることやプロジェクト原価を操作することにつながり、PMとしての行動規範に反します。Ⓓのようにこちらも頑として契約に沿い、法廷で戦いましょうのスタンスでは、二度とこのお客様とのビジネスは成立しなくなってしまいます。

WGは、お客様との今後の関係やビジネス的観点を考慮し、営業に対応を任せることも必要だと判断しました。PMとしては自分だけで対応しようとするのではなく、時には契約を担当する営業部門からお客様に申し入れを行ってもらうなど、色々な方法で課題の解決を考えることが必要です。

難易度 ★★★

問題その2 進捗遅延の余波

あなたの部門が開発し運用保守を行ってきたある大規模システムは、ハードウェア保守期限を1年後に控え、お客様A社の方針で再構築が決定した。再構築プロジェクトはSIerであるB社が実施し、あなたはB社から発注を受け、メイン業務の再構築を担当するPMになることとなった。
当初より再構築の方針やA社・B社との作業分担、進め方などが明確化されておらず、プロジェクトの推進を危惧したため、受託条件・プロジェクト計画の明確化でリスクヘッジを行った上で、B社と契約した。
プロジェクトが進行するにつれ、B社が担当するアプリ基盤の仕様・課題の調整が手間取っている様子が見え、目に見えて進捗が悪化してきた。B社には何度も対策を申し入れたが、なかなか改善されないまま日程だけが進んでいった。
B社のPMは本稼動時期延伸が自らの責任となることをおそれて、下流工程の期間圧縮を行おうとしている。このままでは、最終的な品質確保が厳しくなり本稼動後のトラブルにつながることが懸念される。このような状況の中、PMとして、A社に対してどのような対応を取るか、次の中から最も適切な解答案を1つ選択しなさい。

Select

A 特に伝えない

B 現行PMの立場として伝える

C 再構築PMの立場として伝える

D 直接ではなく、いろいろなチャネルを使って間接的に伝える

SIerを飛び越えていいんでしたっけ？

解答 その2

A 契約どおりSIerに働きかけましょう

SIerが間に入った場合、PMの意図に沿わないプロジェクト推進がなされる場合があります。今回の設問の状況では、このまま本稼動させると大問題につながる可能性があります。

契約上は、あなたの会社はお客様A社から発注を受けていないので、直接的に責任を問われることはありません。だからといって、何もせずに放っておくと、現行システムのベンダーとして見識を問われたり、現行システムの保守期限延長など何らかの対応を求められる可能性があります。

そのためA社に直接、現状を訴え打開策を検討するよう伝えたくなりますが、SIerのB社を飛び越して、直接A社にエスカレーションすることは契約上、守秘義務違反となるため行ってはならない行為です。

では、あきらめて静観するしかないのかというと、B社上位層に粘り強く働きかけることが最重要とWGでは考えました。そのためにもあなたの受託部分の品質に問題がないこと、推進上の課題を十分に把握してB社上層部にアピールしていくことが必要です。

ただし、社会システムのように人命を預かるシステムの場合などは、社会・公共安全・環境の利益を最優先することが求められる場合もあるため、この問題の解答とは違ってくる場合もあるとWGでは議論しました。

難易度 ★★★

問題 その3 体制に強い要求を出してくるお客様

あなたの会社は、あるお客様より次世代システムの開発依頼を受けた。次世代システム構築プロジェクトのPMOは鈴木専務でありこのプロジェクトのキーマンである。鈴木専務は過去に当社の佐藤部長と仕事をしており、つながりが深い。

開発開始に当たり、鈴木専務より、次世代プロジェクトも佐藤部長にPMを行ってほしいと依頼を受けている。しかし、佐藤部長は、ほかの重要プロジェクトにPMとして参画中であり、抜けることはできない状況である。当社は、PMとしてその業界の担当経験が長く、PMのスキルも高い山田部長を参画させることとしたが、鈴木専務は聞く耳を持たない。

山田部長の上席であるあなたがとるべき行動について、次の中から最も適切な解答案を1つ選択しなさい。

A 当社の役員を説得し、佐藤部長をPMとして参画させる

B 山田部長をPMとすることを、当社の役員から鈴木専務を説得する

C 山田部長をPMとして参画させ、佐藤部長をスポットで参画させる

D 山田部長をPMとすることを、佐藤部長から鈴木専務に説得してもらう

お客様からの要望はなんでも対応するの？

解答 その3

Ⓑ しっかり説明して理解していただきましょう

あなたの会社の判断では、山田部長は次世代システム構築のPMとして問題ないと考えており、また組織で仕事をしているものであり、個人を指定しての要求を、お客様満足度といった考え方で受け入れることは避けるべきです。しかし、お客様は佐藤部長からほかの担当に代わることで不安感を持っています。その不安感を払しょくするためには誠意をもって説明し理解いただくことが必要です。

説得には、お客様の役員からの依頼のため、当社も同等クラスの担当役員より説明してもらい、納得いただく方法が妥当です。Ⓐの佐藤部長をPMとするはお客様からの介入を受け入れることであり、これからも介入が続くことで、人員の適切なローテーションができなくなります。Ⓒの佐藤部長のスポット参加は、山田部長とのPMとしての責任範囲が曖昧になり、開発現場やお客様とのコミュニケーションが混乱するマズイやり方です。Ⓓの佐藤部長からの説得は、きちんとした手順を踏んでおらず、職制上問題があるやり方とWGでは考えました。

ただ、現実解としては、佐藤部長には、顧客満足度を高める上で一役買っていただき、役員打合せに同席してもらうなどは、職制を通じてお願いしても良いかもしれません。

難易度 ★★

問題 その4 お客様繁忙状況の対策

あなたがPMを担当しているプロジェクトは3か月の予定期間で要件定義工程に入り、お客様とともに要件定義書作成を進めている。しかし、開始から1.5か月すぎた状況で要件定義の進捗が思わしくない状況であり、進捗は1週間遅れている。原因は担当のお客様が定常業務に追われて時間がなかなかとれないことで、質問に対する返答がタイムリーに返らず、要件がなかなか固まらないことにあり、お客様マターの課題が山積みとなっている。お客様の担当者には問題提起を行い、改善を依頼しているが一向に改善されない。

お客様の業務スキルは十分であり、時間がとれれば課題は解決すると想定される。さて、PMとしてまず何をすべきか、次の中から最も適切な解答案を1つ選択しなさい。

Select

- Ⓐ 双方の上位レベルに、問題をエスカレーションする場を定期的に設け、改善をお願いする
- Ⓑ お客様に解決案の提示も行い、気付きを促すことで、回答をしやすくする
- Ⓒ 課題一覧で回答期限を明確にし、定期的にお客様に回答の催促を行う
- Ⓓ 待っていると全体が遅れてしまうので、お客様マターの要件は後回しにし先に進める

お客様ネック

解答 その4

Ⓐ 担当者だけでは解決しません

システム開発においては、いろいろな課題が発生するものですが、問題の解決は開発サイドだけが負うものではありません。開発側はお客様と現状の問題点について、話し合って共有することが重要です。この問題のケースのような、お客様キーマンが現場とシステム開発作業で競合し、進捗が遅れているような重大な内容については担当者レベルだけに留めず、お互いの上席が出席するステアリングコミッティなどの会議体を通じて、トップ層も含めた階層別のエスカレーションが必要です。

Ⓑのお客様に課題を投げかけ回答を待つだけではなく、課題に対して考えられる解決案のいくつか上げ、お客様に選択してもらう方式をとることや、Ⓒの課題一覧での整理についても効果はありますが、この問題ではお客様のトップダウンによる改革をしていただかないと、現場レベルでは限界があるため、Ⓐの選択肢の優先度が高いとWGでは判断しました。

Ⓓのお客様マターを後回しにして先に進めるは、後半工程での重大な手戻りにつながりNGです。システム開発においては要件定義工程は特に重要であり、決めるべきことをしっかり決めて先に進みましょう。

難易度 ★

問題 その5 利用部門の期待

あなたをPMとして、業務効率化を目的とした、お客様からの依頼を電話やFAXに代えてWebで受け付けるシステムを開発することになった。
関係者が集まり、要件定義を行い、ビジネスパートナーから見積りを取得した。しかし、業務効率化によるコスト削減額を開発コストがオーバーしていたため、最低限の要件の絞込みを行ったうえで、システム化の検討を行った。
システムが完成し試行導入を行ったところ、期待とは裏腹に実際の担当者からは不満の声が噴出した。担当者は、すべてが自動化されると思っていたが、要件絞込みの際、既存システムへのデータ受け渡しの機能が削除され、手動でファイルの入出力を行う仕様となっていたためである。
結局、本導入は見送られ、お客様は投資を回収できなくなってしまった。PMとしてどのように対応すべきであったか、次の中から最も適切な解答案を1つ選択しなさい。

A 早い段階でシステム化の範囲について説明し、受け入れてもらうべきだった

B 業務効率化を目指していたので、多少費用がオーバーしても要件の絞込みを行うべきではなかった

C 試行運用で問題が発覚したならば、新たな投資を行ってでも、システムの改修を行うべきだった

D コスト削減額をオーバーすることが判明した時点で、このプロジェクトを中止するべきだった

どうやってお客様を説得しますか？

解答 その5

A プロジェクト目標に立ち返りましょう

システム更改に当たって、システムの使い勝手や画面構造などは、実際に使うお客様にとっては重要事項であり、特に変更する内容については実際の業務フローに照らしてみて、利用する個人ごとに期待、戸惑い、不安を覚えるものです。この問題の場面では利用するお客様の期待のコントロールに失敗している状況です。利用するお客様は全面的なシステム化取り込みを期待していたにも関わらず、実際のシステムに実装されていないということに導入直前で気づき、自分の期待を実現させるために全力で抵抗して、結局導入もできなくなった事例を問題にしました。

この場合、PMはどうすれば良かったのでしょう。PMとしてはプロジェクトの初期の段階で、関係するステークホルダー全員とプロジェクトの目標の共有を図り合意すべきでした。

プロジェクト目標が曖昧なまま、一件一件の要望事項の議論を始めてしまうと、その採用不採用を判断することが難しく、感情的な対立になっていく可能性が高くなり、うまくいかないことが多くなります。たとえば、プロジェクトの目標を、「A部門のBサービスに関わる人件費削減」といった具体的な目標にし、それをプロジェクトの初期で合意できていれば、ある要望事項を採用すると、投資がいくら増えて当初目標がどうなるといった定量的な比較をすることで、お客様への説得がうまくいく可能性が高まります。その要望事項を取り込むことで、「A部門のBサービスに関わる人件費削減」にどの程度寄与し、どの程度の追加コストがかかるかが明確になれば、だれにでも比較判断することが容易になるからです。人件費削減を目指している以上、システム導入の効率化によって得られるコスト削減額以上の投資を行うことはできません。また、複数の要望がある場合でも定量的に要望の効果を人件費削減と追加費用で要望の効果を明確にすることができます。
システム化による業務効率化は、実際にシステムが導入されて効率化の効果が現れて初めて成功といえます。PMはシステムを完成させただけで満足せず、現場への導入についても力を注ぐ必要があります。

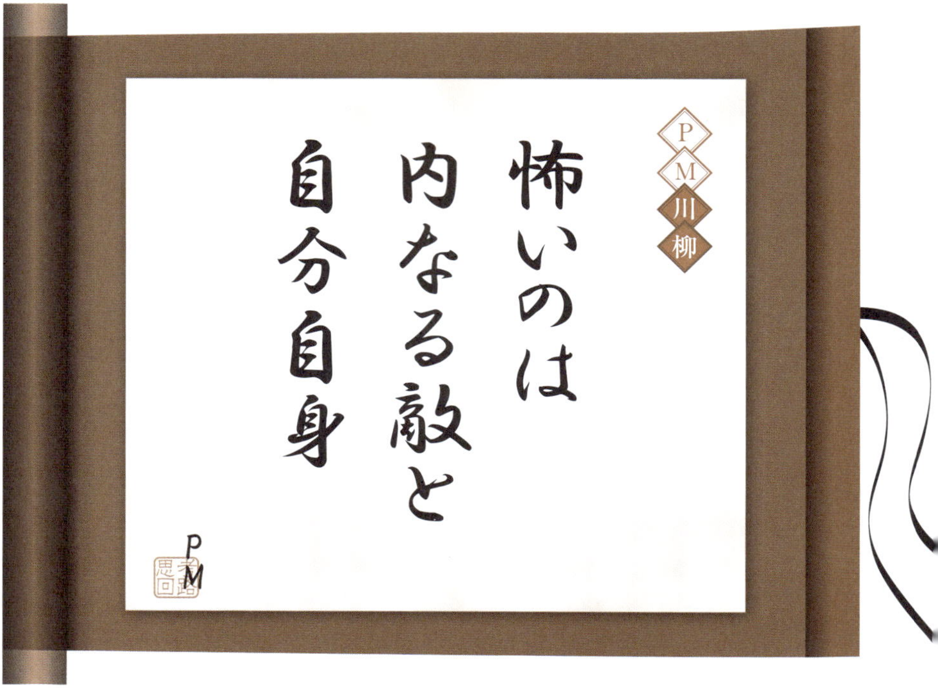

PM川柳
怖いのは
内なる敵と
自分自身

ここでの「敵」とは、さまざまな企業/組織活動を行うときに立ちはだかる障壁や乗越えるべき事情を指します。たとえば、まず「外なる敵」とは…“ライバル他社”との提案合戦、競争入札、他社に対する優位性確保など、さまざまなシーンで厳しい競争を強いられています。

しかし、意外とそれ以上に厳しいのが「内なる敵」…企業/組織内部のさまざまな壁と向き合うことかもしれません。いわゆる“抵抗勢力”や上級幹部の承認がなかなか下りない、などです。

PMは、企業/組織内部のステークホルダーにも戦略的な対策を取っていくことが大事です。同時に、プロジェクト活動においては、“あきらめ”、“無力感”、“妥協”など自分自身の弱さとも戦っていく必要があります。

あなたの見積りに根拠はありますか
（コストの問題）

第9章

コストの問題

あなたの見積りに根拠はありますか

あなたはどうやって見積りを作っていますか？まさか、ビジネスパートナーからの見積りに、何パーセントか上積みをしているだけなんてことはないでしょうね。

ビジネスパートナーの見積りを積み上げるだけなら誰でもできます。プロジェクトにはさまざまな落とし穴が待っています。「含まれているはず」、「お客様の作業のはず」が悲劇の始まりです。

そうです。コストはスコープ、進捗、品質、リスクすべてに影響を受けるのです。

見積り根拠を明確にし、見積りバッファを持ちながら、コスト超過を起こさないようコントロールすることがPMの腕の見せ所です。

難易度 ★★

問題 その1 受注することが目標？

あなたはあるお客様の維持プロジェクトのPMである。そのお客様の新規サブシステム構築が企画され、お客様よりRFPが提示された。当然あなたの会社も見積りを実施し、提案する必要がある状況である。あなたは懇意にしているシステム部門の責任者に、お客様の予算規模をヒアリングし、おおよその費用の感触をつかんで見積りを開始した。概算見積りを実施したところ、事前につかんでいるお客様予算と大きく乖離しており、概算見積り額はお客様予算の3倍にもなる状況であった。コストダウンを図ろうとしても限界があり、どうやってもお客様予算内には入らないと感じている。

さて、提案の詳細見積の資料作りを実施するに当たり、あなたはどのような考え方で望むか、次の中から最も適切な解答案を1つ選択しなさい。

Select

- **A** 仕事を受注することが重要。お客様予算と競合他社の動きを意識し予算に合わせた見積り額を提示する
- **B** 最初は、お客様予算を意識せずに費用見積りを行う
- **C** 提案しても勝算がないため、辞退する
- **D** 費用を安くできるビジネスパートナーを探し、コストを下げる

お客様予算ありきの見積りは失敗の元

解答 その1

B

必要コストはしっかり見積る

まず、お客様予算に無理やり合わせようとせず、スコープ範囲で見積りを行います。そして、このとき、お客様がスコープの選択をしやすい形で見積ることが肝要です。そして、どこまで値下げが可能なのか損益分岐点を意識して検討し、お客様に価格の正当性を理解いただき、かつ要件の取捨選択が可能なように提案します。

その理由としては、お客様予算を意識して金額を下げてしまうと、本当の姿が見えなくなってしまいます。そして、プロジェクトの目的は、プロジェクトを成功させることですから、受注を目的にしてしまうと、プロジェクトを成功に導くことはできません。戦略的に、赤字でも受注するという会社の方針が出されている場合は別として、ステークホルダーが達成感を持ち、幸福感を味わえるプロジェクトでなければ成功したとはいえません。

Ⓐの予算を意識した見積りはリスク費用などを十分に確保できなくなり、失敗する可能性が高い考え方です。Ⓒの辞退はビジネスとして失格。Ⓓの安いビジネスパートナーを探すは、2倍近い開きではうまくいくとは思えませんのでNGとなります。

難易度 ★★★

問題その2 損益対策会議

各プロジェクトは、組織の損益対策会議の都度厳しいコストダウンを要求されていた。それぞれのPMは毎回実績反映後の再見積りやコストダウン策の検討を行って会議に臨んでいた。プロジェクト遂行中で問題対応に追われている中、損益対策会議は時間的にもかなりの負担であった。
ある中小規模プロジェクトを担当するPMは、負担軽減のため一計を案じた。自分のプロジェクトの正規に計算した原価率に5%を上乗せし、組織に報告することで各作業に裁量分5%の余裕工数を追加し、会議の都度小出しにコストダウン額を報告して組織の要求に応えることにした。このことで損益対策会議の精神的な負荷も減り、全体的に作業の効率化も図れた。
このプロジェクトはその後リスク対策で費用がかかり、結果的に当初組織にコミットした原価率近くまで増加したが、成功プロジェクトとなった。
このPMが取った行動に対する評価はどれか、次の中から最も適切な解答案を1つ選択しなさい。

Select

A 損益改善の根拠や、工数などの算出が組織に対し不透明であり評価できない

B 組織としての改善額が確保できると同時に、損益対策会議の効率化にも貢献しており評価できる

C 本質的なコストダウンにはなっておらず評価できない

D 組織からの厳しい要求からプロジェクトを守るために工夫した行動であり評価できる

リスク対策費用はガラス張りにする必要がありますか？

解答 その2

A

それができる組織が健全です

プロジェクトを推進するに当たり、予備費をどのように考えコントロールしていくかは、PMにとって重要な仕事です。プロジェクトを進めていくに従い、事前に洗い出しておいたリスクが顕在化したり、思ってもいなかった新規のリスクが発生したりで、そういった場合には適切な予備費を使って対応を考えていきます。予備費の種類としては、特定されたリスクが発生した場合に利用するコンティンジェンシー予備費と、見えていないリスクが発生した場合に利用するマネジメント予備費があります。PMは予備費ごとにどちらに属するかを分類し、組織に対して適切な報告をする義務があります。

この考え方を基本とすると、この問題のPMには、見積りと見積り以降の管理方法に問題があるといえそうです。余裕分の5％がどちらに属するかを明確にせず、自分の懐に隠し持つことで自分の都合の良いように独自ルールでコントロールしていますので、PMとしては不誠実なやり方です。本来は“余裕分”は、コンティンジェンシー予備、またはマネジメント予備 として明確に定義し、コンティンジェンシー予備であればガラス張りの管理をすべきです。その上でリスク評価を行い、リスクが除去されたことを確認してから利益増(損益改善)を報告します。マネジメント予備費であれば、顕在化した未知のリスクを報告し、予備費利用の許可を得ます。また、リスク費用以外でも、当初見積りに対してその後の効率化手法の導入などで、根拠のあるコストダウンができた場合は、その分を改善額として報告し、不明瞭な管理や根拠のないコストダウンを排除したコスト・マネジメントにつとめる義務がPMにはあります。

Ⓐと©は同じような選択肢ですが、この問題はPMの倫理観を問題にしていますので、WGではⒶを正解としました。根拠のないコストダウンで安易に組織と妥協せず、本質的なコストダウンの努力をする姿勢が重要です。ただ、現実的にはこのような懐に隠し持つやり方をしているPMや、逆に組織の中間層からこのようなやり方を指示されているケースは多いと考えます。このような状況は、組織とPMの信頼関係が崩れているということであり、憂える状況であるとWGでは考えます。

PM川柳

対策費
後になるほど
青天井

PM 思考回路

プロジェクトでは問題の発見が遅れるほど対策費（コスト）が桁違いになります。設計ミスがシステム試験や運用試験で発見され、その対策コストは考えられないほどの額になったりします。問題が後工程で発見されると、前工程での対策コストの百倍ものコストがかかるともいわれています。

そうならないようにするためには、どうすればよいのでしょうか？開発現場では、特に上流工程での事前対策が非常に大事です。コストダウンやスケジュール順守の意識も大事ですが、レビューの充実など、かけるべき時点でのコストをしっかり確保することが大事です。できるだけ前工程で“対策”することがプロジェクトを救います。

納期は重要な制約条件です
（タイムの問題）

第10章

タイムの問題

納期は重要な制約条件です

プロジェクト管理といえば、一般的にスコープをWBS(Work Breakdown Structure)に分解し、スケジューリングし進捗を管理することを思い浮かべる人が多いでしょう。実際にも、プロジェクト推進に当たるマネジャーは、完了までの作業スケジュール見通して、作業線表を作成し、メンバーを動員してその計画を実行して進み遅れが生じたときに適切な手を打つ仕事に明け暮れ、最後には目標どおり完了させます。

スケジュールを引くに当たり、中間の期日はPMの裁量である程度の幅を持って決められますが、納期は動かませんので、納期から逆に線を引かざるをえないときもあります。納期はお客様から与えられる重要な制約条件となります。

難易度 ★

問題その1 仕様確認への回答が来ない

あなたがPMのプロジェクトで、要件定義工程終盤の状況であるが、お客様要件に対するシステム化仕様の調整が遅れている。あなたはシステム化仕様に対する不明点を仕様確認票という文書にまとめ、各連絡表に必要な回答期限を明記した上で、お客様に問いかけていたが、お客様からのレスポンスが悪く期日を超過する状況である。お客様に非公式の場でお聞きすると、仕様を決定することに悩んでいるようであった。その結果、あなたのプロジェクトは当初計画した工程完了期限で、未確定の仕様が数多く発生することが明らかな状況であった。
このような状況に陥らないようにするために、PMとしてどのような進め方をとるべきか、次の中から最も適切な解答案を1つ選択しなさい。

Select

A お客様に対し余裕をもった回答期限を設定して、不明点に対する仕様確認の依頼をする

B 質問型ではなく提案型の内容で仕様案と回答期限を提示し、仕様確認の依頼をする

C お客様からの回答が行われるまで、毎日お客様に対して回答依頼をする

D 回答がなかった部分は、未解決事項として整理し、仕様に反映せずに、システム開発を進める

仕様確定待ちへの打開策は？

解答 その1

Ⓑ 提案型で進めましょう

未確定仕様について、ほかの仕様との関連が薄く局所化できる部分なら、Ⓓのように、回答がなかった部分は未解決事項として整理し、仕様に反映せずにシステム開発を進めることは一つの解となります。しかし、「関連が薄いこと」を安易に判断すると、試験工程において実は関連が深かったなどの仕様問題が発覚し、多くの仕様変更対応を生むことが多々あります。

また、ⒶやⒸのように、余裕を持った回答期限の設定や、定期的かつ粘り強く回答をお願いすることも一つの解ですが、問題文にある「お客様は仕様を決定することを悩んでいるようであった」という状況を踏まえると、期限内に仕様を決定してもらうことは難しいと考えるべきです。

したがって、待ちの姿勢の質問型ではなく、積極的に提案をするスタイルで対応することが、お客様の背中を押し、仕様を早期に決定することにつながります。この場合、一方的な提案ではなく、複数の案を整理検討し、それぞれのメリットデメリットを表にまとめ、推奨仕様を明確にして提案することで、早期の問題解決を後押しします。

難易度 ★★

問題その2 マルチベンダー開発の問題

あるお客様先では、マルチベンダー体制での開発が進行していた。あなたはその一部である支社システム開発プロジェクトのPMである。開発する支社システムは、他社が担当する基幹システムとの連携が必須要件となっている。連携設計も、基幹システム開発業者を交え、お客様と合意し開発を進めていた。

現在は結合試験工程中であり、テストの方法についてあなたの会社でテスト計画を作成しお客様に提示した。ところが、基幹システム側の開発が内部の問題で大幅に遅延しており、提示したテスト実施スケジュールは守れそうもなく、逆にあなたの会社になんとかスケジュール延伸できないかと打診があった。

基幹システム側の開発事情から考えると、連携テストは運用テスト中または、本稼動直前になることが想定できた。PMとして、お客様にどう申し入れるか、次の中から最も適切な解答案を1つ選択しなさい。

Select

A 基幹システム優先なので、連携テストが可能になる時期を明確にしてもらい、それに合わせる

B 基幹システム側に、連携機能部分だけでも最優先にテストができるよう要請する

C 責任の所在を明確にし、追加コスト要求を含めたスケジュール調整案を提示する

D スケジュール延伸要請に対し、コスト増にならないよう体制縮小とスケジュールの調整案を提示する

マルチベンダーでの他社延伸はどう考えますか？

解答 その2

Ⓒ 延伸した会社に責任が発生します

最近の大規模開発では、一社がすべてを受注してプロジェクトとする開発に比べ、それぞれの会社が得意分野を担当するマルチベンダー開発が多くなってきました。このような大規模マルチベンダー開発は、各社の都合や制約事項が密接に関わり、調整事項が複雑多岐となっていきます。この問題は、マルチベンダー形態で開発していて、インターフェースを持つ相手方にスケジュール延伸が発生した場合、どのように対処すべきか？という問題です。
この問題の場合、各開発ベンダーはそれぞれ別契約で、お客様がインテグレーターの役割を持っていると考えられます。このような契約形態では、ベンダー間は直接の交渉ができないことが基本となります。ベンダー間の調整事項が発生すると、一般的には変更管理委員会やCCB（チェンジコントロールボード）などといわれるお客様が主催する調整会議を設置し、各ベンダー代表者を集めて問題解決の場を持って、公平な議論でさまざまな問題を解決していきます。
今回のようなケースでは、以下のように対処案がいくつか考えられます。

- 遅延ベンダー側に最大限のスケジュールリカバリーを要請
- クリティカルパスでなければ一部スケジュールの延伸
- クリティカルパスの作業であれば、稼動日の延伸を含む全体ベースラインの見直し
- 作業スコープの縮小による期日遵守
- 作業の組み換えによる効率化

しかし、いずれの対処をとるにしても、コストや納期への影響は避けられませんので、まずは問題発生の「責任」は明確にしておく必要があります。今回のケースでは明らかに基幹システム側を受け持つ会社の責任であり、あなたの会社からスケジュールを延伸する場合の問題点の整理を行い、自社スケジュールの見直しやそれに付随する追加コスト要求を含めた提案を行うべきです。🅐の単純なスケジュールの組み換えや、🅑の試験優先順位の変更案では後工程で手戻りのリスクを抱えそうです。🅓はあまりにも受け身対応であり、体制縮小したときにリリースした業務知識を持った要員の再確保ができなくなることで、あなたの会社における品質確保上の問題が出そうです。

PM川柳

遅延でも
2週内なら
予定内

KKDリーダー

受託側がお客様への定期的な進捗報告会で報告する場面での、KKD（勘と経験と度胸）マネジメントの一例です。すなわち、2週間程度の遅れならリカバリーできる範囲なので、工程表は“予定どおり”で説明しておこう、といったことです。誰しも“遅れ”の報告はしたくないものです。その対策と見通しを同時に示さないと相手に説明のしようがありませんし、対策案を改めて検討するにも時間を要する場合があります。

リカバリーの自信がある場合、このような“度胸に基づいた”報告がなされる場合があります。しかし、破たんしたときは窮地に立つリスクを含んでいますので、状況をよく分析して対応すべきです。

おわりに

WGでは、「プロジェクトを成功に導く」という命題に向けた解決策の一つとして、ベテランPMから若手PMへ「知見の継承」を行うために活動してきました。
問題の作成に当たっては、プロジェクトマネジメント方法習得のための教科書的な事例ではなく、現場のPMが日々プロジェクト運営に当たって、実際に遭遇する数々の生々しい課題について、その判断を仮想体験できる問題の提供を目標としました。そのため、あえて問題の背景については詳細な条件設定は避けています。読者の方は、置かれた環境（担当業種、業務やプロジェクトにおける役割、お客様との関係など）に当てはめて解を考えてみてください。WGの解答との差異があった場合には、なぜそのような解に至ったのかの思考のプロセスと正解を比較し考えることで、読者のPM能力は向上するはずです。
書籍化に当たっては、問題文や解説に使用している用語や前提条件に、暗黙知を使用していないか留意しました。富士通内部でも、使用している開発標準や担当業種の慣習など、限られた領域の常識に慣れ親しみ、一般的に通用しない言葉や考え方が方言として複数存在していました。企画から出版までの1年間、月次打合せやメールでの回覧レビューなど、WGメンバーは多忙な毎日でしたが、出版の日を迎えることができ、安堵しています。

問題の編纂に当たり、富士通グループ外の有志メンバーの協力を得ることで、より広い観点から内容を見直し、ブラッシュアップすることができました。ここに感謝の意を表します。

本書が読者の視野を広め、総合的なプロマネ力の習得に寄与することで、ご担当プロジェクトの目標を予定通り達成されることを祈願しております。

富士通株式会社 PMコミュニティ
「実践的PM力向上のための問題集検討」WG

<著者一覧>

編集主筆
富士通株式会社 PMコミュニティ
「実践的PM力向上のための問題集検討」WG
　島田 明門　：株式会社富士通ミッションクリティカルシステムズ

編集委員（五十音順）
富士通株式会社 PMコミュニティ
「実践的PM力向上のための問題集検討」WG
　海老原 孝徳：株式会社富士通ラーニングメディア
　小林 英　　：富士通株式会社
　鈴木 紀行　：富士通株式会社
　髙山 茂　　：株式会社富士通クオリティ＆ウィズダム
　竹本 匡亜　：富士通株式会社
　嶽本 裕臣　：富士通株式会社
　中村 伸也　：株式会社富士通システムズ・ウエスト
　難波 裕司　：富士通関西中部ネットテック株式会社
　福嶋 恒信　：株式会社富士通ミッションクリティカルシステムズ
　三浦 貴久　：株式会社富士通ミッションクリティカルシステムズ
　森安 篤夫　：株式会社富士通システムズ・ウエスト
　山本 真吾　：富士通株式会社

有志一同（五十音順）
　有賀 美裕　：TIS株式会社
　小野 浩司　：綜合警備保障株式会社
　木野 高史　：株式会社富士通ミッションクリティカルシステムズ
　坂本 節夫　：富士電機株式会社
　城川 淳　　：富士通株式会社
　原口 哲治　：富士通関西中部ネットテック株式会社

Special Thanks
富士通株式会社 PMコミュニティ
「実践的PM力向上のための問題集検討」WG創始者、PM川柳提供
　市川 和芳　：PMクリエイト

過去にこのWGに関わったすべての方々に感謝いたします。

プロジェクトマネジャーの決断
富士通の現場から
(FKT1518)

2016年 3 月24日　初版発行
2016年 5 月30日　第 2 版発行

著　　作：富士通株式会社 PMコミュニティ
「実践的PM力向上のための問題集検討」WG
制　　作：富士通エフ・オー・エム株式会社

発行者：大森　康文
発行所：FOM《エフオーエム》出版（富士通エフ・オー・エム株式会社）
〒105-6891 東京都港区海岸1-16-1 ニューピア竹芝サウスタワー
http://www.fujitsu.com/jp/fom/

印刷／製本：富士通アプリコ株式会社

表紙デザイン：株式会社イーサイバー